Intuition kann man

Lernen

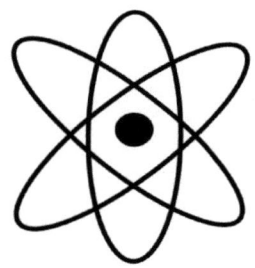

Jos Barkely

Intuition kann man

lernen

38 Übungen zur Entwicklung

der intuitiven Intelligenz

Die deutsche Nationalbibliothek verzeichnet diese Publikation in der deutschen Nationalbibliographie; detaillierte bibliographische Daten sind im Internet über dnb.dnb.de abrufbar.

Herstellung und Verlag
BoD – Books on Demand, Norderstedt
ISBN: 9783751919814

Inhaltsverzeichnis

Einführung

Dieses Buch handelt von der intuitiven Intelligenz. Einer Gabe, die wir alle besitzen, aber die bei vielen von uns hoffnungslos verkümmert ist. Dabei ist es gerade die intuitive Intelligenz, die dafür ausschlaggebend ist, ob wir gute Entscheidungen treffen, unsere Gefühle verstehen, bahnbrechende Ideen entwickeln oder einfach mit unserem Leben zufrieden sind.

Mit anderen Worten, unsere intuitive Intelligenz ist die geistige Gabe, die in besonderem Maße darüber entscheidet, ob wir im Leben Erfolg haben und ob wir Glück und Zufriedenheit finden.

Gründe genug, um in die Entwicklung und Förderung dieser Gabe etwas Zeit und Mühe zu investieren.

Dieses Buch bietet mit den hier beschriebenen praktischen Übungen den Schlüssel dazu.

Teil I Grundlagen

Intuitives Denken

Intuition – eine andere Form von Intelligenz

Intuition ist die Fähigkeit etwas zu wissen, ohne dass wir verstehen, woher dieses Wissen kommt. Sie beruht auf der gewaltigen Informationsmenge, die in unserem Unterbewusstsein gespeichert ist, und der Informationsverarbeitung, die dort ständig stattfindet. Im Alltag äußert sich die Fähigkeit zur Intuition darin, dass wir plötzlich wissen, was richtig oder falsch ist oder warum etwas so sein muss und nicht anders sein kann. Sie äußert sich auch, indem uns etwas längst Vergessenes wieder einfällt oder wenn uns scheinbar aus dem Nichts die Lösung für ein Problem bewusst wird, über das wir schon aufgegeben haben, nachzudenken.

Intuition äußert sich nicht immer in klar verständlichen Botschaften oder in leicht nachvollziehbaren Argumenten. Oft ist da nur so ein Gefühl, das uns sagt, was richtig oder falsch ist. Vielleicht sind es aber auch Bilder, die plötzlich in unserem Bewusstsein auftauchen oder ein Begriff, mit dem wir zunächst nichts anfangen können. Bei manchen äußert sich die Intuition als ein hartnäckiger Gedanke, andere fühlen, dass etwas nicht stimmt und in manchen Fällen macht sich das Unterbewusstsein auch körperlich bemerkbar. In der Regel sind es aber keine ausformulierten Sätze, in denen unser Unterbewusstsein zu uns spricht, sondern eher Bilder, Gedanken, Gefühle oder plötzliche Eingebungen.

Um diese Botschaften im Alltag als Entscheidungshilfen, Erkenntnisse oder Problemlösungen zu nutzen, müssen wir sie zunächst einmal wahrnehmen und verstehen. Dazu haben wir alle die entsprechenden Anlagen von der Natur mitbekommen. Die Gabe des intuitiven Denkens gehört genau wie die Fähigkeit zum Sprechen oder zum logischen Denken zur mentalen Grundausstattung des Menschen. Entwicklungsgeschichtlich ist das instinktive oder intuitive Handeln sogar deutlich älter, als die Fähigkeit zum abstrakten, logischen Denken. Für unsere Vorfahren war es fast immer wichtiger, spontan und intuitiv beurteilen zu können, ob eine Gefahr droht oder ob etwas essbar ist, als komplizierte Berechnungen auszuführen oder philosophische Betrachtungen anzustellen. Für die frühen Menschen war eine ausgereifte intuitive Intelligenz überlebenswichtig.

Mit der Verbreitung der Naturwissenschaften und der Philosophie hat sich aber die Illusion verbreitet, man könne alles logisch herleiten, irgendwie berechnen und jede Entscheidung auf rein rationale Weise treffen. Heute wissen wir, dass dies ein Trugschluss war. Mittlerweile erkennt die moderne Wissenschaft die Intuition als ernst zu nehmende Methode der Entscheidungsfindung und der Gewinnung von Erkenntnissen an. Dennoch spielt das intuitive Denken und die intuitive Intelligenz in unserer schulischen und universitären Ausbildung keine Rolle.

Die Methoden die an unseren Schulen gelehrt werden, orientieren sich immer noch an einem newtonschen Weltbild und dem bewussten Lernen von Fakten und Daten. Das intuitive Erkennen von Zusammenhängen, das Verstehen unserer Gefühlswelt oder das Agieren in einer komplexen Welt wird hier genauso wenig gelehrt, wie das Nutzen unbewusster Erfahrungen oder das intuitive Suchen nach Problemlösungen.

Dabei sind die Praktiker in Wirtschaft und Gesellschaft schon deutlich weiter. So geben viele Spitzenmanger in anonymen Befragungen zu, dass sie einen Großteil ihrer Entscheidungen mehr intuitiv, als auf der Basis irgendwelcher rationaler Modelle treffen. Auch viele Nobelpreisträger, einschließlich Albert Einstein, haben immer wieder bestätigt, dass sie ihre wahren Durchbrüche mehr intuitiv erzielt haben, als durch rein logisches Denken. Trotzdem vernachlässigen wir die Förderung der intuitiven Intelligenz in der Ausbildung und geben ihr in unserem westlichen Weltbild nur wenig Bedeutung und Ansehen. Oft wird sie auch als esoterische Träumerei abgetan und belächelt. Kaum jemand gibt zu, dass er eine wirklich wichtige Entscheidung intuitiv getroffen hat.

Als Konsequenz davon ist die Fähigkeit zum intuitiven Denken bei vielen Menschen verkümmert oder blockiert. Was das Potential dieser Menschen deutlich einschränkt. Zumal logisches Schließen und rationales Denken immer nur zum Lösen von Standardproblemen taugt. Auch wenn diese durchaus kompliziert oder verzwickt sein können.

Aber erkennen, was andere jahrzehntelang nicht gesehen haben, zweckmäßige Entscheidungen bei geringem Informationstand treffen oder geniale neue Ideen entwickeln, kann man durch rein logische Überlegungen genauso wenig, wie Situation blitzschnell erfassen, das Wesentliche in einer unklaren Lage erkennen oder Menschen richtig beurteilen. Vor allem können wir durch bloßes rationales Denken keine Entscheidungen treffen, in denen persönliche Erfahrungen, Gefühle und Vorlieben eine wichtige Rolle spielen.

Bei all diesen Herausforderungen müssen wir auf unsere intuitive Intelligenz zurückgreifen. Sie ist es, die uns zu souveränen Entscheidern, kreativen Köpfen, aber auch weisen Menschen macht und sie ist es, die uns Dinge sehen lässt, die andere nicht erkennen können.

Da die intuitive Intelligenz in unserer schulischen Ausbildung weder trainiert noch thematisiert wird, müssen wir uns aber selber bemühen.

Wie Intuition funktioniert

Intuitives Denken basiert auf dem Wissen und der Weisheit unseres Unterbewusstseins. Dort lagern unendlich viele Informationen, Erfahrungen und Überlegungen, von denen uns die wenigsten bewusst sind oder jemals bewusst waren.

Manche dieser Informationen haben wir zwar irgendeinmal bewusst aufgenommen, aber dann doch wieder vergessen oder ins Unterbewusstsein verdrängt. Den bei weitem größeren Teil dieser Informationen haben wir aber nie bewusst wahrgenommen. Sie sind ungefiltert und unbemerkt von unseren Sinnesorganen direkt ins Unterbewusstsein gelangt und dort gespeichert worden.

Unser Unterbewusstsein bewahrt diese Informationen aber nicht nur auf, sondern arbeitet mit diesen auch in unterschiedlichster

Weise. Ohne dass wir es bemerken, kombiniert es Eindrücke zu Erfahrungen, bildet aus gemachten Erfahrungen Überzeugungen oder formt unsere persönlichen Vorlieben und Präferenzen. Unbemerkt von unserem wachen Verstand arbeitet es an Problemlösungen oder kreiert aus verschiedenen Informationen neue Ideen. Gelangen die Produkte dieser unbewussten geistigen Aktivitäten in unser Bewusstsein und werden von uns wahrgenommen, sprechen wir von Intuition.

Gemäß diesem Modell basiert Intuition darauf, dass unser Unterbewusstsein über viel mehr Informationen verfügt, als unser bewusster Verstand, dass es diese Informationen ständig in der einen oder anderen Form verarbeitet, dass die Ergebnisse dieses Verarbeitungsprozesses in unser Bewusstsein gelangen und dass wir diese Botschaften wahrnehmen und interpretieren können.

All das zusammen ergibt unsere intuitive Intelligenz. Also die Fähigkeit auf früher gemachte Erfahrungen zurückzugreifen, das unendliche Wissen unseres Unterbewusstseins zu nutzen und die Informationsverarbeitung des Unterbewusstseins gezielt einzusetzen. Darüber hinaus ist unsere intuitive Intelligenz auch der Schlüssel zu ganzheitlichen Entscheidungen, in die unsere Gefühle genauso einfließen, wie harte Fakten, längst vergessene Beobachtungen und gemachte Erfahrungen.

Je besser wir diesen Prozess nutzen, desto leichter werden wir zu neuen Erkenntnissen gelangen, gute Entscheidungen treffen oder neue Ideen entwickeln.

Intuitives Entscheiden

Welche Rolle die Intuition bei der Entscheidungsfindung spielt, wird am deutlichsten, wenn man sich einmal die verschiedenen Formen von Entscheidungen ansieht, die wir im Alltag treffen.

Betrachten wir dazu zunächst Entscheidungen, die sich rational überhaupt nicht treffen und begründen lassen, wie z.B. der Kauf eines Posters. Hier wird die Entscheidung praktisch ausschließlich davon abhängen, welches Bild uns am besten gefällt und welches uns nicht gefällt. Rational begründen lässt sich so etwas nie. Natürlich wird auch hier die eine oder andere objektive Überlegung mit einfließen, wie z.B. ob sich für die ausgefallene Größe eines bestimmten Posters auch ein Rahmen finden lässt, aber am Ende zählt nur ob uns ein bestimmtes Poster gefällt oder nicht. Trotzdem kann man natürlich stundenlang darüber sinnieren, welches der drei Poster, die wir in die engere Wahl genommen haben, uns wirklich besser gefällt oder man kann einfach in sich hinein hören und seinem Gefühl folgen.

Hier haben verschiedene Versuche mit Bildern, Postkarten und Postern gezeigt, dass die Versuchsteilnehmer, die nicht stundenlang abgewogen haben, sondern ihren ersten Gefühlen und Vorlieben gefolgt sind, später am zufriedensten mit ihrer Entscheidung waren. Was zeigt, dass es gerade bei Entscheidungen, die vor allem auf persönlichem Geschmack und eigenen Vorlieben beruhen, immer besser ist, auf sein erstes Gefühl zu hören, als stundenlang darüber zu brüten, was einem denn besser gefällt. Dieses Gefühl ist aber niemals das Ergebnis logischer Schlüsse, sondern stammt aus dem Unterbewusstsein, das unseren Geschmack und unsere persönlichen Vorlieben besser kennt, als unser bewusster Verstand.

Wenn wir es verstehen, diese Botschaften aus dem Unterbewusstsein wahrzunehmen und zu entschlüsseln, haben wir eine Grundlage, um in solchen Situationen sicher so zu entscheiden, dass wir auch einige Monate später mit unserer Entscheidung noch zufrieden sind.

Aber nicht alle Entscheidungen, die wir treffen müssen, sind reine Geschmacksfragen. Bei vielen Entscheidungen im privaten oder beruflichen Bereich, müssen harte Fakten und objektive Daten berücksichtigt werden. Diese Entscheidungen muss und soll man natürlich mit dem rationalen Verstand analysieren oder bewerten. Nur ist es bei vielen solcher Entscheidungen eine Illusion zu glauben, man könnte sie rein rational und objektiv treffen. Jedenfalls dann, wenn man mit seiner getroffenen Entscheidung auch später noch zufrieden sein will. Denken Sie z.B. an die Entscheidung im Rahmen eines Hauskaufs, bei der Anschaffung eines Autos oder der Wahl eines Ferienortes.

Glaubt man den einschlägigen Ratgebern zur Entscheidungsfindung, dann muss man in solchen Fällen nur die identifizierten Alternativen auflisten, Entscheidungskriterien identifizieren und die einzelnen Alternativen danach zu bewerten, wie gut sie die einzelnen Kriterien erfüllen. Meist wird dazu vorgeschlagen, dies in Form einer Tabelle zu tun, die für die Wahl eines Urlaubsortes vereinfacht ungefähr so aussehen könnte.

	Ort A	Ort B	Ort C	Ort D
Preis	++	+	-	++
Hotelpool ja/nein	+	-	-	-
Nähe zum Strand	-	--	++	++
Meeresblick	-	+	+	+
Hotelbar	+	+	-	+
Zimmergröße	-	--	+	++

Eigentlich bräuchten Sie jetzt nur noch die Werte in den Spalten unter den einzelnen Alternativen zusammenzuzählen und die Alternative mit dem höchsten Wert auswählen.

Damit hätten Sie die Entscheidung für den nächsten Urlaubsort streng logisch und absolut nachvollziehbar getroffen. Leider ist die Wahrscheinlichkeit, dass Sie mit Ihrer Wahl nachher zufrieden sind, nicht sehr groß. Denn die logische Analyse taugt nur, um eine Art Rahmen zu definieren, in dem Sie Ihre Wahl treffen. Wobei dieser Rahmen z.B. davon bestimmt wird, wie viel Geld Sie maximal für den Urlaub ausgeben können, ob Sie Ihr Haustier mitbringen dürfen oder ob Sie die Wartezeiten für ein notwendiges Visum noch einhalten können. Bei solchen Frage sollten Sie immer auf den klaren Verstand hören.

Ob Sie sich nachher am Urlaubsort wohlfühlen, ob Sie den Urlaub genießen und ob Sie sich noch lange daran gerne erinnern, hängt aber von ganz anderen Kriterien ab, als diejenigen die Sie in einer Tabelle vergleichen können. Weder geheime Sehnsüchte, noch unbewusste Wünsche und Hoffnungen oder lang gehegte Träume lassen sich in einer Tabelle abbilden und vergleichen. Aber ihr Unterbewusstsein kennt diese Sehnsüchte und Wünsche besser als Ihr Bewusstsein und berücksichtigt sie in der intuitiven Bewertung der Situation. Deshalb ist hier die intuitive Entscheidung auch umfassender und tiefschürfender, als die rein logisch, rationale Bewertung.

Gerade in solchen Situationen, wie bei der Wahl eines Ehepartners, beim Kauf eines Hauses oder bei der Entscheidung für ein Ferienziel, brauchen wir unsere intuitive Intelligenz, um eine Wahl zu treffen, mit der wir auch Monate oder sogar Jahre später noch zufrieden sind.

Eine andere Art von Entscheidungen, bei denen unsere intuitive Intelligenz von entscheidender Bedeutung ist, sind Entscheidungen unter hoher Unsicherheit. Also Entscheidungen, bei denen wir nicht alle verfügbaren Alternativen, nicht alle Einflussfaktoren und vor allem nicht alle Konsequenzen kennen.

Im Alltag ist das oft der Normalfall. Solche Entscheidungssituationen sind z.B. die eigene Berufswahl, private Investmententscheidungen und vor allem auch Entscheidungen im Berufsleben, die etwas komplexer und vielschichtiger sind.

Wenn Sie als Unternehmer oder Manager z.B. entscheiden müssen, welche Erweiterungen der Produktpalette sie vornehmen wollen, ob Sie ein Zweigwerk im Ausland einrichten sollten oder welche Werbestrategie für ein bestimmtes Produkt am sinnvollsten ist, müssen Sie sich entscheiden, obwohl Sie nur über eine sehr dünne Faktenlage verfügen.

Ein stupides Auflisten der Vor- und Nachteile hilft in diesen Fällen nicht wirklich weiter. Damit werden Sie der Komplexität einer solchen Entscheidung niemals gerecht. Hier kommt es vielmehr darauf an, den richtigen Riecher, einen guten Instinkt oder einfach genug Erfahrung zu haben, um effektiv entscheiden zu können. Das sind dann die Fälle, wo intuitive Intelligenz die Spreu vom Weizen im Management trennt.

Und tatsächlich bestätigen zahlreiche erfolgreiche Manager und Unternehmer in verschiedenen Studien immer wieder, dass sie in solchen Fällen Entscheidungen fast ausschließlich intuitiv und auf der Basis von Gefühl und Erfahrung treffen. Langfristig erfolgreich zu sein, setzt voraus, immer wieder die richtigen Entscheidungen zu treffen. Das ist aber ohne gut entwickelte intuitive Fähigkeiten kaum möglich. Am Ende unterscheiden sich erfolgreichen Manager oder Unternehmer von durchschnittlichen Bürokraten durch ihre intuitiven Fähigkeiten.

Aber auch im Privatleben gibt es selten Entscheidungen, die man durch den Vergleich einiger weniger Kriterien sinnvoll treffen könnte. Jedenfalls nicht, wenn wir mit unserer Entscheidung später zufrieden sein wollen.

Welchen Beruf Sie ergreifen, wen Sie heiraten, auf welche Schule Sie Ihr Kind schicken oder wohin Sie in den Urlaub fahren, lässt sich niemals rein rational entscheiden. Hier hilft eine gut entwickelte Fähigkeit zur Intuition oft mehr, als der schärfste Verstand.

Intuition und Kreativität

Ein weiteres Feld unserer geistigen Aktivitäten, in dem unsere intuitiven Fähigkeiten eine große Rolle spielen, ist die menschliche Kreativität. Also die Fähigkeit, Ideen zu entwickeln, neue und unkonventionelle Lösungen zu finden oder Dinge zu sehen, die alle anderen vorher übersehen haben.

Auf diesem Gebiet hat wahrscheinlich jeder schon erlebt, das noch so angestrengtes Nachdenken nicht unbedingt zu neuen oder unkonventionellen Lösungen führt.

Durch angestrengtes Nachdenken kann man Standardprobleme oder Rechenaufgaben lösen, aber keine genialen Ideen finden. Solche Ideen entwickeln sich im Unterbewusstsein und tauchen plötzlich auf.

Sie entstehen aus unkonventionellen Kombinationen längst vergessener Erinnerungen und Erfahrungen oder aus Gefühlen und Ahnungen, die unser Unterbewusstsein verarbeitet und neu arrangiert. Je mehr wir unser Unterbewusstsein mit unkonventionellen Informationen füttern und je besser wir es verstehen, die Botschaften unseres Unterbewusstseins zu empfangen, desto mehr werden wir auf das gewaltige Kreativitätsreservoir unseres Unterbewusstseins zurückgreifen können.

Auch Kreativität ist eine Form der intuitiven Intelligenz und lässt sich fördern und entwickeln.

Fazit

Die intuitive Intelligenz kann das logisch, rationale Denken nicht in allen Bereichen ersetzen. Sie versetzt uns aber in die Lage, die Probleme zu lösen, bei denen der bewusste Verstand und das streng logische Denken an seine Grenzen kommen.

Insbesondere, wenn es darauf ankommt in unklaren Lagen oder in komplexen Situationen schnell und effektiv zu entscheiden, ist das Entscheiden auf intuitiver Basis dem rein rationalen Denken überlegen. Ebenso in allen Fragen, bei denen unsere Vorlieben, persönlichen Präferenzen oder Gefühle eine Rolle spielen, brauchen wir eine gut entwickelte intuitive Intelligenz, um Entscheidungen so zu treffen, dass wir nachher mit den Ergebnissen auch zufrieden leben können.

Auch immer dann, wenn es auf Kreativität, unkonventionelle Lösungen oder bahnbrechende Erkenntnisse ankommt, werden wir ohne intuitive Intelligenz nicht sehr weit kommen.

Deshalb sollten wir ruhig etwas Zeit und Energie investieren, um diese natürliche Fähigkeit bestmöglich zu fördern und zu entwickeln.

Das Training der Intuition

Training und Nutzung der intuitiven Intelligenz

Grundsätzlich besitzen wir alle die Fähigkeit der Intuition. Nur bei vielen von uns ist sie soweit verkümmert oder so sehr blockiert, dass wir uns dieser Fähigkeit kaum mehr bewusst sind und sie nicht regelmäßig nutzen. Folglich setzen wir sie viel zu selten ein und trauen uns nicht, sich auf sie zu verlassen. Wodurch sie, wie ein Muskel, der nicht bewegt wird, weiter verkümmert und abnimmt.

So kommen wir in einen Teufelskreis, in dem wir unsere intuitive Intelligenz kaum gebrauchen, weil sie verkümmert oder blockiert ist und sie weiter verkümmert, weil wir sie nicht gebrauchen. Diesen Teufelskreis zu durchbrechen muss daher das Ziel für alle sein, die vergessen haben, diese Begabung zu nutzen.

Gelingt uns das, kehren wir die Drehrichtung des Teufelskreises um. Durch die Stärkung unserer intuitiven Fähigkeiten werden wir uns dieser Fähigkeiten zunehmend bewusst und setzen sie vermehrt im Alltag ein. Durch den häufigeren Einsatz unserer intuitiven Intelligenz trainieren und entwickeln wir sie. Eine entwickelte Fähigkeit, von der wir wissen, dass sie uns nutzt, setzen wir dann auch häufiger ein und stärken sie dadurch weiter. Und so weiter und so fort.

Also allein dadurch, dass wir uns unsere intuitiven Fähigkeiten öfters bewusst machen und öfters versuchen, unsere innere Stimme wahrzunehmen und auf sie zu hören, erzeugen wir schon einen positiven Effekt in der Nutzung und Verbesserung unserer intuitiven Intelligenz. Je mehr wir sie nutzen, desto mehr Vertrauen werden wir in die Weisheit des Unterbewusstseins entwickeln und desto deutlicher wird die Stimme aus dem Unterbewusstsein werden. Wie ein Muskel durch den ständigen Gebrauch wächst und an Kraft gewinnt, nimmt auch unsere intuitive Intelligenz zu, wenn wir sie häufig gebrauchen und auf sie hören.

Wir können aber noch viel mehr tun, um unsere intuitiven Fähigkeiten zu verbessern. Durch spezielle Übungen können Sie ihr intuitives Potential ganz erheblich steigern. Wobei diese Übungen weder anstrengend noch schwierig sind. Manche sind sogar ganz amüsant und können auch als netter Zeitvertreib gesehen werden. Man muss nur anfangen und sie mit einer gewissen Konsequenz ausführen.

Wer täglich nur einige Minuten aufwendet, um sein intuitives Potential zu verbessern, wird auch schnell Erfolge erzielen und im Alltag immer öfters auf diese Fähigkeiten zurückgreifen können.

Dabei bringt die Kombination aus dem häufigen Rückgriff auf diese Fähigkeiten im Alltag und der bewussten Ausführung, der im praktischen Teil dieses Buches beschriebenen Übungen, die besten Erfolge bei der Stärkung ihrer intuitiven Intelligenz. Das reine Durchlesen der Übungsbeschreibungen allein, bringt natürlich noch keine Erfolge. Man muss sich schon aufraffen und die Übungen ausführen und auch über einen gewissen Zeitraum praktizieren.

Der Umgang mit den Übungen

Zur systematischen Entwicklung unserer intuitiven Fähigkeiten gibt es eine ganze Reihe spezieller Übungen, die auf unterschiedliche Aspekte dieser Fähigkeiten zielen und an unterschiedlichen Punkten ansetzen. Manche dieser Übungen dienen in erster Linie dazu, den Geist so aufzulockern, dass er für die Stimme aus dem Unterbewusstsein besser empfänglich wird. Andere Übungen zielen darauf ab, eventuell bestehende Blockaden aufzulösen und wieder andere sollen die Informationsverarbeitung im Unterbewusstsein anregen. Dementsprechend kann man im Training der intuitiven Fähigkeiten durchaus individuelle Schwerpunkte setzen oder da ansetzen, wo man glaubt, Schwachstellen zu besitzen oder wo man ganz bewusst an seinen Stärken arbeiten will.

Wo man solche persönliche Schwerpunkte setzen sollte, lässt sich kaum in der Form allgemein gültiger Anweisungen festlegen und empfehlen. Dazu sind wir Menschen einfach zu unterschiedlich und die Ausprägung unserer intuitiven Intelligenz zu verschieden. Jeder von uns hat eine andere Einstellung zur Intuition, hat andere Erfahrungen gemacht und besitzt ganz individuelle Denkstrukturen, mit denen er seine intuitiven Fähigkeiten nutzt. Dementsprechend eignen sich manche Übungen für bestimmte Menschen besser, als für andere. Bei der Vielzahl der hier beschriebenen Übungen dürfte aber für jeden etwas dabei sein.

Wenn Sie also merken, dass Ihnen z.B. die Übung des freien Schreibens nicht so leicht von der Hand geht, sollten Sie nicht versuchen, es mit Gewalt und extremer Konzentration zu erzwingen.

Wenden Sie sich lieber erst einmal einer anderen Übung zu, wie dem freien Assoziieren oder den gezielten Traumreisen.

An das freie Schreiben oder irgendeine andere Übung, die einem persönlich vielleicht nicht so liegt, kann man sich dann später immer noch herantasten. Viele Übungen, die uns am Anfang schwer fallen, werden plötzlich viel leichter, wenn man erst einmal mit anderen Übungen positive Erfahrungen gesammelt hat. Auf jeden Fall sollte man nichts mit der Brechstange versuchen und immer eine gewisse Lockerheit behalten.

Überhaupt sollte man alle hier beschrieben Übungen immer aus einem Zustand der körperlichen und geistigen Entspannung heraus absolvieren und nicht versuchen irgendetwas mit Gewalt zu erreichen. Denn mit verzerrtem Gesicht und maximaler Kraftanstrengung kann man vielleicht eine schwere Hantel stemmen, aber auf dem Gebiet des intuitiven Denkens wird man so wenig erreichen. Hier ist es viel wichtiger, alle Übungen mit einer gewissen Gelöstheit und Lockerheit anzugehen. Ein entspannter Körper und ein entspannter Geist sind die besten Voraussetzungen, um unsere innere Stimme zu hören und die Schätze unseres Unterbewusstseins zu heben. Daher ist der geistigen und körperlichen Entspannung im Folgenden auch ein ganzes Kapitel gewidmet.

Ihr individueller Trainingsplan

Um kontinuierliche Fortschritte bei der Stärkung Ihrer intuitiven Fähigkeiten zu erzielen, empfiehlt sich, eine gewisse Systematik bei der Ausführung der beschriebenen Übungen einzuhalten. So ist es durchaus zweckmäßig, mit den eher allgemeineren Übungen zu beginnen, die erst einmal den Zugang zu dieser Art des Denkens erleichtern, um sich dann immer mehr den spezielleren Übungen zuzuwenden. Aber hier gibt es kein Universalrezept, das für alle Menschen passt. Das kann es schon deshalb nicht geben, weil nicht alle Übungen gleichermaßen für alle Menschen geeignet sind. Was dem einen leicht fällt, ist für den anderen lästige Quälerei, bei der sich zudem keinerlei Erfolgserlebnis einstellt.

Daher sollte man am Anfang durchaus etwas experimentieren, um festzustellen, welche Übungen zu einem passen, welche Übungen einen weiter bringen und welche einem nicht so liegen. Man sollte gerade am Anfang Verschiedenes ausprobieren und immer in sich hineinhorchen, wie die Übungen wirken und welche Erfolge man erzielt. Meist stellt man dann sehr schnell fest, welche Übungen einem leicht fallen und welche Übungen nicht zum eigenen Typ passen. Dabei wird man auch sehr schnell feststellen, dass uns der Umgang mit dem intuitiven Denken und die Anwendung unserer intuitiven Fähigkeiten immer leichter fallen und sich immer mehr greifbare Resultate einstellen, je mehr wir uns damit beschäftigen.

Dennoch sollte man dem eigenen Training eine gewisse Struktur geben, da manche Übungen auf anderen Übungen aufbauen und weil eine geordnete Trainingsstruktur es uns auch leichter macht, über eine längere Zeit kontinuierlich zu üben. Allerdings sollte so ein Trainingsplan auch nicht zu starr sein und immer unseren individuellen Besonderheiten Rechnung tragen.

So gibt es Menschen, für die es hilfreich ist, immer zu einer festen Zeit ein bestimmtes Pensum an Übungen zu absolvieren und diesen Rhythmus diszipliniert beizubehalten. Manche Menschen erstellen dazu auch einen detaillierten schriftlichen Plan, der beschreibt, welche Übungen sie an welchem Tag, wie lange machen werden. Andere Menschen wollen lieber flexibel bleiben und suchen sich immer wieder spontan eine Übung aus, auf die sie gerade Lust haben. Zu welcher Gruppe Sie gehören hängt natürlich von ihrem Typ ab und von den Lern- und Trainingsgewohnheiten, die Sie sich über die Jahre angeeignet haben. Jeder muss hier seinen eigenen Trainingsstil finden. Die Praxis zeigt aber, dass diejenigen, die gar keinen Plan haben und immer nur spontan üben, oft nicht sehr konsequent bei der Sache bleiben und es irgendwann ganz aus den Augen verlieren.

Daher sollte man sich schon eine gewisse Vorstellung davon machen, wie man an der Stärkung seiner intuitiven Fähigkeiten arbeiten will, wann man das tun will und welches Pensum man sich vornimmt. Das muss nicht immer ein schriftlicher Trainingsplan sein. Es genügt auch eine klare Vorstellung davon zu haben, wann man wie lange üben will, welche Übungen am Anfang stehen sollen und wie man dann weitermachen will. Manches wird man ohnehin ändern, wenn man mit den verschiedenen Übungen etwas Erfahrung gesammelt hat und dabei ein Gefühl dafür entwickelt, welche Übungen einem mehr liegen und welche weniger. Hilfreich ist auch eine gewisse Routine zu entwickeln, wie man solche Übungen in den eigenen Tagesablauf einbaut.

Am Anfang sollte man sich zum Üben ein bisschen mehr Zeit nehmen und immer darauf achten, dass man vor der Ausführung der mentalen Übungen die Hektik des Tages hinter sich lässt und einen

Zustand der körperlichen und geistigen Entspannung erreicht. Mit zunehmender Erfahrung mit diesen geistigen Übungen wird man aber auch lernen, sie überall und auch unter weniger günstigen Bedingungen auszuführen. Dann kann man z.b. die Zeiten in der Bahn oder im Wartezimmer beim Arzt genauso nutzen, wie eine kurze Unterbrechung im Büro oder beim Spazierengehen. Manche Übungen sind sogar ganz bewusst darauf ausgelegt, sich damit Wartezeiten zu verkürzen und solche Gelegenheiten sinnvoll zu nutzen. Wenn Sie mit diesen Übungen anfangen, sollten sie Ihre ersten Versuche aber zunächst unter optimalen Rahmenbedingungen machen.

Lassen Sie sich am Anfang von der großen Zahl der beschrieben Übungen nicht entmutigen. Niemand erwartet, dass Sie diese ganze Liste von Anfang bis Ende komplett durcharbeiten. Experimentieren Sie mit den Übungen, die Sie interessieren, finden Sie heraus, welche Übungen Ihnen persönlich am besten liegen und erstellen Sie sich einen groben Plan für das weitere Vorgehen. Sind Sie dabei aber realistisch. Jeden Tag fünf bis zehn Minuten wirklich zu üben, ist besser, als ein ambitionierter Plan, den Sie dann doch nicht einhalten.

Vorbereitungen

Entspannung – Eine Voraussetzung für viele Übungen

Bevor wir zu den eigentlichen Übungen kommen, noch ein paar Worte zur körperlichen und geistigen Entspannung. Denn, wie schon mehrfach angesprochen, ist es sowohl für die Anwendung unserer intuitiven Fähigkeiten, als auch für das Training der intuitiven Intelligenz sehr hilfreich, wenn nicht sogar unverzichtbar, dass sich Körper und Geist in einem gelösten und entspannten Zustand befinden.

In manchen Situationen mag das von Haus aus schon gegeben sein. Wenn Sie z.B. im Urlaub im Strandkorb sitzen und dem Wind und den Wellen lauschen oder wenn Sie an einem ruhigen Sonntagnachmittag auf Ihrer Terrasse oder in Ihrem Lieblingssessel sitzen, erreichen Sie so einen lockeren, gelösten und entspannten Zustand fast automatisch. Dann braucht man auch keine besonderen Entspannungstechniken, um diesen Zustand herbeizuführen.

Ganz anders sieht es aus, wenn Sie zwischen zwei nervigen Besprechungen schnell ein paar neue Ideen entwickeln müssen oder wenn Sie nach einem zehn Stunden Tag voller Stress, Konflikten und ungelöster Probleme nach Hause kommen. Dann sind Sie in der Regel von einem geistig lockeren und körperlich entspannten Zustand weit entfernt. Hier macht es durchaus Sinn, durch die Anwendung bestimmter Techniken, Rituale oder Suggestionen zur inneren Ruhe zu finden und dabei Körper und Geist zu entspannen. Dazu wurden in den letzten Jahrzehnten eine ganze Reihe verschiedener Methoden und Techniken entwickelt. Manche dieser Techniken beruhen auf einer bewussten Kontrolle der Atmung, andere auf Suggestionen oder auf der bewussten Herbeiführung von Wärme- und Schwereempfinden. Auch in den verschiedenen Schulen des Yoga findet sich eine große Zahl von Methoden, um den Zustand einer tiefen Entspannung bewusst herbeizuführen.

Daneben gibt es noch eine Vielzahl von Empfehlungen und Techniken, die man in Ratgebern oder Zeitschriften zum Thema Entspannung oder Stressabbau finden kann. Für unsere Zwecke muss man daraus keine eigene Wissenschaft machen. Eines, der hier beschriebenen einfachen Verfahren, reicht völlig aus, um den gelösten Zustand zu erreichen, der für die Freisetzung unseres intuitiven Potentials notwendig ist.

Wenn Sie aktiv Yoga oder autogenes Training praktizieren oder andere Entspannungstechniken regelmäßig anwenden, können Sie auf das Lesen, der im Folgenden beschrieben Entspannungstechniken, natürlich verzichten. Dann bleiben Sie am besten bei dem System, mit dem Sie gute Erfahrungen gemacht haben und das Sie sicher anwenden können.

Wenn Sie aber noch keine Erfahrungen auf diesem Gebiet haben und sich schwer tun, sich aus einer stressigen oder mental angespannten Situation in einen Zustand der Ruhe und Entspannung zu versetzen, finden Sie hier eine Reihe von einfachen, aber wirkungsvollen Methoden, um die körperliche und geistige Entspannung bewusst herbeizuführen.

Probieren Sie am besten einige oder alle der hier beschriebenen Methoden einmal aus und wählen Sie dann diejenige, die Ihnen am meisten zusagt. Sie werden dabei feststellen, dass Sie am Anfang alle beschriebenen Methoden ganz bewusst ausführen und sich darauf konzentrieren müssen. Mit etwas Übung und Routine wird Ihnen die Anwendung dieser Techniken aber immer leichter fallen und irgendwann werden sie für Sie zur Selbstverständlichkeit werden. Schließlich sollen diese Entspannungsmethoden ja zu keinen Höchstleistungen führen, sondern lediglich die Entspannung von Körper und Geist unterstützen. Am besten, man eignet sich dazu eine innere Einstellung an, die darauf abzielt, diese Übungen einfach geschehen zu lassen und sie mit einem gewissen Abstand zu betrachten.

Entspannung durch Atmung

Die Atmung ist einer der zentralen Prozesse unseres Stoffwechsels. Sie ist aber nicht nur ein physischer Vorgang, der Sauerstoff in unsere Lungen bringt, sondern auch der Taktgeber unseres Lebens. Sie steht im engen Zusammenhang mit unseren körperlichen und geistigen Aktivitäten und reagiert nicht nur auf körperliche Anstrengungen, sondern spiegelt in gewissere Weise auch unseren emotionalen Zustand wieder. So steigt unsere Atemfrequenz nicht nur, wenn wir uns körperlich anstrengen oder eine Zeitlang die Luft anhalten, sondern auch unter psychischer Belastung, bei Stress oder in einem Zustand emotionaler Erregung. Die Atmung ist eine der Körperfunktionen, die im engen Zusammenhang mit unserer geistigen Verfassung steht und in gewisser Weise den emotionalen Zustand unserer Psyche widerspiegelt.

Diese Beeinflussung unserer Atemfrequenz durch unsere emotionale Verfassung ist aber keine Einbahnstraße. Denn genau wie unser emotionaler Zustand sich auf unserer Atmung auswirkt, können wir auch unseren emotionalen Zustand durch eine bewusste Kontrolle der Atmung beeinflussen. In vielen Systemen des Yoga wird dieser Zusammenhang gezielt genutzt, um bestimmte geistige Zustände zu erreichen. Für unsere Zwecke muss man aber kein Meister des Yoga und auch kein Fakir werden. Es reicht aus, einige einfache Methoden zu kennen und anzuwenden.

Allein durch eine gleichmäßige, bewusst ausgeführte Atmung und die Konzentration auf die Abfolge der Atemzüge, kommen die meisten Menschen schon zu einem recht guten Zustand der inneren Ruhe und Entspannung. Dies kann man z.B. erreichen, indem man das Ein- und Ausatmen in einem bestimmten Rhythmus ausführt. Welchen Rhythmus man dazu wählt, ist zweitrangig, so lange die Atemzüge tief und langsam ausgeführt werden und man sich dabei wohl fühlt.

Eine verbreitete Variante dieses tiefen rhythmischen Atmens ist das sogenannte Box Breathing. Dabei atmet man je vier Sekunden ein, hält die Luft vier Sekunden an, atmet vier Sekunden aus und hält dann im ausgeatmeten Zustand wieder vier Sekunden die Luft an. Danach wiederholt man diesen Zyklus mehre Minuten lang.

Der Name Box Breathing kommt aus dem Englischen und bedeutet frei übersetzt „Kasten oder Rechteck Atmung". Das kommt daher, dass die Abfolge der Atemzüge oft als Rechteck dargestellt wird.

Wobei jede Seite des Rechtecks eine der vier Phasen des Atemzyklus symbolisiert.

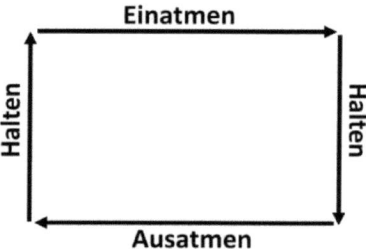

Oft wird im Zusammenhang mit dem Box Breathing empfohlen, alle vier Phasen der Atmung gleich lang auszuführen. Das ist aber nicht zwingend notwendig. Man kann auch seinen ganz persönlichen Rhythmus finden, indem man z.B. vier Sekunden einatmet, zwei Sekunden die Luft anhält, vier Sekunden ausatmet und wieder zwei Sekunden die Luft anhält.

Wichtig ist nur, dass man nicht zu schnell atmet, um das Hyperventilieren zu vermeiden und dass die Atemzüge tief sind.

Manchmal werden im Zusammenhang mit dem rhythmischen Atmen noch weitere Anweisungen gegeben, wie man sitzen soll oder in welcher Umgebung man am besten übt. Vieles davon ist Geschmackssache. Natürlich schadet es nicht die Atemübungen im Lotussitz oder auf den Fersen sitzend auszuführen, aber ein aufrechter Sitz auf einem Stuhl tut es genauso. Man sollte nur tief und langsam in den Bauch hinein atmen und es nicht bei einer oberflächlichen Atmung im oberen Lungenbereich belassen.

Am besten Sie experimentieren einmal mit verschiedenen Rhythmen und beobachten, wie sich durch die Konzentration auf den Atemrhythmus ein Gefühl der Ruhe und Entspannung einstellt.

Autogenes Training

Ein anderer Weg zur Entspannung von Körper und Geist liegt im Autogenen Training. Ein Entspannungs- und Suggestionsverfahren, das in der ersten Hälfte des letzten Jahrhunderts von dem Berliner Psychiater Johannes Heinrich Schultz entwickelt wurde. Es ähnelt in gewisser Weise der sogenannten Selbsthypnose und beruht im Wesentlichen auf verbalen Suggestionen, die bestimmte Empfindungszustände hervorrufen sollen. Über diese Empfindungen von Schwere und Wärme wird dann die eigentliche Entspannung erzielt.

Mittlerweile gibt es auch eine ganze Reihe von Übungen und Stufen beim autogenen Training, mit denen man unterschiedliche Organe anspricht, unterschiedliche Ziele verfolgt und sehr tiefe Entspannungszustände anstrebt. Für unsere Zwecke reichen aber die ersten Stufen des autogenen Trainings völlig aus, um damit den Alltagsstress abzuschütteln und den Entspannungszustand zu erreichen, der notwendig ist, um unsere intuitive Intelligenz zu trainieren oder anzuwenden.

Zur Ausführung des autogenen Trainings nimmt man zunächst eine bequeme Position im Liegen oder Sitzen ein, wobei für viele Menschen der Einstieg über das Liegen leichter ist. Dann wiederholt man mental immer wieder die speziellen Suggestionsformeln, die

die verschieden Empfindungen (Ruhe, Schwere, Wärme etc.) hervorrufen. Die entsprechenden Schritte beim Üben sind dann:

Innere Ruhe: Sie liegen auf dem Rücken oder sitzen aufrecht auf einem Stuhl und wiederholen im Geiste mehrmals die Suggestionsformel „Ich bin ganz ruhig" oder „Ich bin ganz ruhig, nichts kann mich erschüttern". Dabei versuchen Sie auch ganz bewusst, aber ohne Anstrengung, diese innere Ruhe zu empfinden.

Schwere: In diesem Schritt wiederholen Sie zunächst die Suggestionsformel „Mein linker Arm ist ganz schwer", bis Sie das Schweregefühl empfinden und bis das Gewicht des angesprochenen Körperteils spürbar wird. Danach wiederholen Sie diese Formel für den rechten Arm, das linke Bein, das rechte Bein und den Oberkörper. Versuchen Sie immer wieder die Schwere der Gliedmaßen zu empfinden und das Gewicht zu spüren, mit dem Ihr Körper auf den Boden drückt.

Wärme: Für den dritten Schritt lautet die Suggestionsformel „Mein linker Arm ist ganz warm". Danach gehen Sie mit dieser Suggestionsformel wie beim vorherigen Schritt über den rechten Arm, das linke Bein, das rechte Bein und den Rumpf durch den ganzen Körper. Versuchen Sie nicht gleich beim ersten Versuch in sich hinein zu fühlen, ob sich die Wärme wirklich einstellt. Wiederholen Sie einfach locker und unverkrampft die Suggestionsformel und lassen Sie sie wirken. Nach einiger Zeit stellt sich das Wärmegefühl dann wie von selbst ein.

Um den Alltagsstress abzuschütteln und einen brauchbaren Entspannungszustand zu erzielen, reichen diese drei Schritte meist schon aus. Wer tiefer in das autogene Training eindringen will, kann das mit einer Vielzahl vorhandener Literatur tun. Dort findet man die Anleitung für eine ganze Serie weiterer Schritte und Stufen, die über die reine Entspannung deutlich hinausgehen und auf verschiedene Organe einwirken oder sogar bei der Persönlichkeitsbildung helfen sollen. Als reines Hilfsmittel zur Entspannung erzielt man aber schon mit den ersten Schritten ganz gute Erfolge.

Hat man durch die oben beschriebenen Suggestionsformeln das Gefühl der Ruhe, der Schwere und der Wärme erreicht, sollte man einige Momente so verweilen, um die Übung dann zu beenden. Beendet wird das autogene Training immer mit der sogenannten Rücknahme. Einer Art Ausstiegsritual, das den sanften Übergang in das normale Leben sicherstellt. Ein solches Ritual kann darin bestehen, einige kraftvolle, tiefe Atemzüge zu nehmen und mit der Suggestionsformel „Alles ganz fest" den Körper leicht anzuspannen. Zur Anspannung kann man auch die Fäuste kurz ballen und die Hacken auf den Boden drücken. Dann sollte man kurz innehalten und mit der Formel „Augen auf" die Augen öffnen. In der Literatur findet man auch andere Beendigungsformen, wie z.B. das Rückwärtszählen, das im Übrigen auch bei der Beendigung der Selbsthypnose zur Anwendung kommt.

Selbstregulation

Eine einfache und sehr schnelle Form von Entspannungstechniken sind autosuggestive Formeln, mit denen die beabsichtigte Entspannung herbeigeführt wird. Dabei geht man nicht den Umweg über andere körperliche Funktionen, wie die Atmung oder über das

Empfinden von Wärme oder Schwere, sondern befiehlt dem Körper direkt sich zu entspannen.

Typische Formulierungen dazu sind z.B.:

Ich bin ganz ruhig

Ich bin zufrieden und gelassen

Alle Last fällt von mir ab

Der Alltag ist ganz weit weg

Ich fühle mich rundum wohl und zufrieden

Mein Körper ist ganz entspannt

Ich ruhe in mir selbst

Durch die konstante, fast meditative Wiederholung derartiger Sätze, können die meisten Menschen relativ schnell und einfach einen ausreichenden Zustand der Entspannung erreichen.

Nehmen Sie dazu eine bequeme sitzende oder liegende Haltung ein, atmen Sie einige Male durch und wiederholen Sie zwei oder drei der oben aufgeführten Sätze laut oder im Gedanken.

Die ausgewählten Sätze sollten in eine sinnvolle Reihenfolge gebracht und dann jeweils fünf bis zehn Mal wiederholt werden. Eine solche Reihenfolge kann z.B. darin bestehen, zuerst eine allgemeine Formulierung und dann der „Befehl" zur Entspannung zu wiederholen.

Also z.B.:

5 x Alle Last fällt von mir ab

     dann

5 x Mein Körper ist ganz entspannt

Machen Sie zwischen den Sätzen einige Sekunden Pause und sprechen Sie die Sätze langsam und kraftvoll.

Am Anfang sollten Sie sich für diese Übung etwas mehr Zeit nehmen, mit etwas Routine geht sie dann fast von alleine.

Progressive Muskelentspannung

Einen mehr körperorientierten Ansatz der Entspannungsmethoden stellen die Techniken dar, bei denen man die Muskeln des Körpers zunächst bewusst anspannt, um sie dann wieder bewusst zu entspannen. Dadurch wird der Zustand der Entspannung gut wahrnehmbar. Die wohl bekannteste dieser Methoden ist die sogenannte Progressive Muskelentspannung, bei der man ähnlich wie beim Autogenen Training einen Körperteil nach dem anderen anspricht. Man spannt also zunächst einen Arm an und entspannt ihn dann ganz bewusst und aktiv. Danach spannt man den anderen Arm an und entspannt ihn wieder. Dann geht man über Stirn, Bauch und Gesäß zu den Beinen und eventuell wieder zurück. Manche Anleitungen sehen auch vor, dass man nicht den ganzen Arm als Gesamtheit anspricht, sondern Oberarm, Unterarm und Hand getrennt und nacheinander anspannt, um sie dann wieder zu entspannen. Andere Verfahren sehen vor, den ganzen Körper als Einheit anzuspannen, um dann wieder den gesamten Körper zu entspannen.

All diesen Methoden ist aber gemeinsam, dass man die Entspannung des Körpers über eine vorausgehende Anspannung der Muskeln erreicht. Unter den gängigen Entspannungstechniken ist die Progressive Muskelentspannung eine der anspruchsvolleren und sollte daher unter Anleitung erlernt werden.

Wem diese Methode zusagt, kann dazu spezielle Kurse besuchen oder sich über spezielle Literatur weiterbilden. Vorher sollte man aber gegebenenfalls mit seinem Arzt reden, ob diese Methode für einen selbst geeignet ist, da manche Muskelerkrankungen dagegen sprechen.

Yoga

Fast alle Varianten des Yoga haben Entspannungstechniken in ihrem Repertoire. Hierauf einzugehen, würde aber den Rahmen dieses Buches sprengen. Zumal man in den meisten Yoga Systemen einzelne Techniken nicht so ohne weiteres isoliert praktizieren kann, sondern sie immer im Zusammenhang mit dem jeweiligen Yogastil sehen muss.

Für alle, die sich noch nie mit Yoga beschäftigt haben, wäre daher der Aufwand zu groß, sich mit einem bestimmten Yogastil intensiv zu auseinanderzusetzen, nur um dabei einige Entspannungsmethoden zu lernen. Im Übrigen sind Entspannungstechniken für uns nur ein Mittel zum Zweck. Und dafür sind die oben beschriebenen einfacheren Methoden völlig ausreichend. Wer aber ohnehin Yoga praktiziert, kann selbstverständlich auch auf die Entspannungstechniken auf diesem Gebiet zurückgreifen und sie zur Einstimmung auf die folgenden praktischen Übungen verwenden.

Teil II Praktische Übungen

Dem Unterbewusstsein zuhören lernen

Gedanken aus dem Nichts

Intuitives Denken setzt immer voraus, dass ein Dialog zwischen unserem Unterbewusstsein und unserem aktiven Verstand stattfindet. Dazu müssen wir zunächst einmal lernen, unseren wachen Verstand auf Empfang zu schalten und die Botschaften aus dem Unterbewusstsein wahrzunehmen und sie ins Bewusstsein zu bringen.

Dies sollte bei jedem Menschen eigentlich ganz selbstverständlich stattfinden, da diese Kommunikation zwischen Unterbewusstsein und Verstand bei uns allen biologisch angelegt ist und ein ständig ablaufender, normaler Prozess unseres Denkens ist. Aber diese Fähigkeit ist bei vielen Menschen verkümmert oder so verschüttet, dass wir uns ihrer kaum bedienen. Schuld daran sind viele Einflüsse unserer heutigen modernen Lebensweise. Durch Schule, Studium und Umwelt haben wir systematisch verlernt, unsere innere Stimme zu hören und die Botschaften aus dem Unterbewusstsein wahrzunehmen. Dieses Hören und Wahrnehmen der unterbewussten Botschaften ist aber die Grundvoraussetzung, um unsere Intuition wieder so weit zu entwickeln, dass sie zu einem nützlichen und mächtigen Instrument der Entscheidungsfindung und des kreativen Denkens wird.

Daher zielen die ersten Übungen in diesem Buch vor allem darauf ab, aktiv wahrzunehmen, was aus unserem Unterbewusstsein aufsteigt und in unser Bewusstsein gelangt. Sie helfen uns zu lernen, wie wir die Botschaften aus dem Unterbewusstsein wahrnehmen und sie regen vor allem den Dialog zwischen den bewussten Bereichen unseres Verstandes und dem Unterbewusstsein an.

Erwarten Sie dabei am Anfang nicht, dass alles, was auf diese Weise in unser Bewusstsein gelangt, gleich eine große Bedeutung hat oder sich vielleicht als eine geniale Eingebung erweist. Gerade wenn man erst anfängt, sich mit solchen Übungen zu beschäftigen, kommt es viel mehr darauf an, den Dialog zwischen bewussten und unterbewussten Teilen unseres Geistes anzuregen und die Botschaften aus dem Unterbewusstsein überhaupt wahrzunehmen. Mit der Zeit werden Sie aber immer mehr feststellen, dass viele Bilder und Gedanken, die aus Ihrem Unterbewusstsein in den wachen Verstand gelangen, durchaus Bedeutung haben. Sie werden erfahren, welches gewaltige Wissen in Ihrem Unterbewusstsein verborgen liegt und wie viele wertvolle Gedanken, Erinnerungen, Schlussfolgerungen und Ideen in Ihr Bewusstsein gelangen, wenn man diesen Prozess erst einmal angeregt hat. Aber am Anfang braucht es etwas Geduld und Beharrlichkeit, dann stellt sich der Erfolg mit der Zeit von selber ein.

Zur Ausführung der ersten Übung setzen Sie sich auf einen Stuhl, schließen die Augen und entspannen Ihren Körper und ihren Geist. Atmen Sie tief, langsam und regelmäßig. Achten Sie darauf, dass Sie nicht bewusst kräftige Atemzüge ausführen, sondern, dass ihre Atmung ganz entspannt und von selbst abläuft. Genießen Sie den ruhigen Fluss des Atmens und geben Sie sich dem natürlichen Rhythmus Ihres Körpers hin.

Wenn Sie so zur Ruhe gekommen sind, stellen Sie das aktive Denken ein und lassen Sie die Gedanken kommen und gehen. Dabei werden immer wieder neue Gedanken und Bilder auftauchen, mit denen Sie wenige Momente vor dieser Übung nicht gerechnet haben. Versuchen Sie diese aus dem Unterbewusstsein aufsteigenden Gedanken zu erkennen und wahrzunehmen. Halten Sie diese Bilder und Gedanken aber nicht fest und hängen Sie keinem dieser Gedanken lange nach. Denken Sie die aufsteigenden Gedanken nicht zu Ende und lassen Sie nicht zu, dass ein einzelner Gedanke Ihre Aufmerksamkeit für längere Zeit bindet. Lassen Sie die Bilder und Gedanken aus dem Unterbewusstsein aufsteigen, nehmen Sie sie wahr und lassen Sie sie wieder ziehen. Öffnen Sie sich immer wieder für neue Gedanken. Betrachten Sie sie kurz und lassen Sie sie wieder los.

Am besten lässt sich die eigene Rolle bei dieser Übung als die eines unbeteiligten Beobachters beschreiben, der die aufsteigenden Gedanken lediglich wahrnimmt, ohne sich aktiv in den Fluss der Gedanken einzumischen.

In der Zen Mediation geht man von hier noch einen Schritt weiter und versucht den Gedanken immer weniger Aufmerksamkeit zu schenken, bis man schließlich den Zustand der Gedankenstille erreicht hat. Das ist aber nicht das Ziel dieser Übung. Wir wollen ja ganz bewusst lauschen und beobachten, welche Bilder, Eindrücke, Gefühle und Gedanken aus dem Unterbewusstsein aufsteigen und in unserem bewussten Verstand sichtbar werden.

Wer diese Übung regelmäßig macht, und wenn es nur ein paar Minuten sind, wird schnell feststellen, wie sich die Sinne entwickeln, die man braucht, um die Botschaften aus dem Unterbewusstsein klar wahrzunehmen.

Wem diese Übung schwerfällt, kann ruhig im Übungsprogramm weitergehen und zunächst andere Übungen durchführen. Aber man sollte immer wieder einmal zu dieser Übung zurückkehren und sich daran versuchen.

Auf jeden Fall sollte man gerade bei dieser Übung jede krampfhafte geistige Kraftanstrengung vermeiden und die Gedanken einfach mühelos fließen lassen. Der Erfolg kommt mit der Zeit von selbst.

Angeregte Assoziationen

Bei der nächsten Übung wollen wir nicht einfach nur beobachten, welche Gedanken in einem Zustand der Ruhe aus unserem Unterbewusstsein aufsteigen, sondern das Unterbewusstsein aktiv anregen, Gedanken, Eindrücke und Bilder in das Bewusstsein zu senden. Dazu nutzen wir das Mittel der Assoziation.

In der Psychologie versteht man unter einer Assoziation die Verbindung, die zwischen verschiedenen Gefühlen, Bildern und Vorstellungen in unserem Gehirn existiert. Sichtbar werden diese Verbindungen in dem, was uns spontan zu einer Szene, einem Gegenstand, einem Bild oder einem Wort einfällt. Konfrontiert man unser Unterbewusstsein gezielt mit Bildern, Worten oder Szenen, muss man nur entspannt in sich hinein hören, um verschiedenste Assoziationen aus dem Unterbewusstsein in den wachen Verstand aufsteigen zu lassen.

Die Wörter oder Bilder, die die Assoziationen auslösen sollen, können Sie aus jeder denkbaren Quelle beziehen. Schlagen Sie einfach eine Illustrierte auf, betrachten Sie das erstbeste Bild, das Sie sehen, einige Momente lang und beobachten Sie, was Ihnen dazu einfällt. Denken Sie dabei nicht aktiv oder gar verkrampft nach, sondern beobachten Sie einfach entspannt, was Ihnen zu bestimmten Überschriften oder Bildern in den Sinn kommt.

Statt einer Illustrierten können Sie für diese Übung auch ein Buch nehmen, das Sie auf irgendeiner Seite aufschlagen. Lassen Sie sich dann von den Wörtern inspirieren, die Ihnen als erstes ins Auge springen und beobachten Sie, welche Assoziationen Ihnen dazu in den Sinn kommen. Sie können als Auslöser für Assoziationen aber auch die Dinge nehmen, die Ihnen beim Blick aus dem Zugfenster auffallen oder jede andere Quelle, die Startpunkte liefert, um Ihre Assoziationen anzuregen.

Bei der Ausführung der Übung sollten Sie nicht zu lange bei einer Assoziation verharren, sondern sich immer wieder von den assoziierten Gedanken lösen, wenn Sie den Gedanken voll wahrgenommen und verstanden haben. Wählen Sie dann ein anderes Wort oder Bild und beobachten Sie, welche Assoziation dieses Wort oder Bild bei Ihnen auslöst.

Wenn Sie wollen, können Sie beim Assoziieren auch ein Blatt Papier und einen Stift an die Seite legen, um aufzuschreiben, welche Assoziationen Ihnen bei welchen Begriffen oder Bildern in den Sinn gekommen sind. Aber auch, wenn Sie keine Aufzeichnungen machen, sondern Ihre Assoziationen nur aufmerksam beobachten, werden Sie immer wieder überrascht sein, welche Begriffe und Bilder Ihr Unterbewusstsein mit welchen Gedanken in Verbindung bringt. Es werden Ihnen dabei immer wieder Dinge in den Sinn kommen, die Sie längst vergessen haben, auf die Sie mit bewusstem Nachdenken nie gekommen wären oder die Antworten auf Probleme und Fragen darstellen, die Sie in letzter Zeit bewegt haben. Es werden aber auch viele Gedanken auftauchen, die Sie zunächst überhaupt nicht einordnen können und die für Sie zunächst keinen Sinn machen. Aber je länger Sie sich in der bewussten Erzeugung von Assoziationen üben und je öfter Sie solche Übungen machen, desto mehr werden Sie verstehen, warum Ihr Unterbewusstsein gerade jetzt und in diesem Zusammenhang diese oder jede Assoziation herstellt. Manche Zusammenhänge erkennt man dabei sofort, andere erschließen sich einem erst nach mehreren Tagen oder Wochen. Bei manchen Assoziationen werden wir es aber auch nie erfahren, warum sie unser Unterbewusstsein mit irgendeinem Begriff oder Gedanken verbunden hat.

Assoziationsketten

Kam es bei der vorherigen Übung darauf an, unabhängig von der letzten Assoziation immer wieder neue Assoziationen zu erzeugen, wollen wir bei dieser Übung versuchen, aus einer gefundenen Assoziation eine neue Assoziation zu generieren.

Sie fangen also mit irgendeinem Begriff oder Bild an und beobachten, welche Assoziation Ihnen dazu in den Sinn kommt. Diese Assoziation nehmen Sie dann als Trigger oder Auslöser für weitere Assoziationen und diese dann wieder für die nächsten Assoziationen. Sie starten also mit einem beliebigen Gedanken oder Bild und reihen dann, wie bei einer Kette, Assoziationen aneinander.

Nehmen wir an, sie starten mit dem Bild der Schreibtischlampe, die gerade vor ihnen steht. Vielleicht assoziieren Sie damit eine Kerze, ein Buch das Sie im Schein der Lampe lesen, oder einen verbrannten Finger, den Sie sich zugezogen haben, als Sie das letzte Mal eine heiße Glühbirne wechseln wollten. Lassen Sie dann diesen Gedanken kurz auf sich wirken und lauschen Sie jetzt erneut in sich hinein, was Ihnen dazu einfällt. Und auch diesen Gedanken nehmen Sie dann wieder als Ausgangspunkt für die nächste Assoziation und so weiter.

Lassen Sie sich davon überraschen, wo Sie die so entstehende Kette von Assoziationen hinführt.

Mehrfach-Assoziationen

Statt einer Kette von Assoziationen zu folgen, sollen Sie bei der nächsten Übung immer wieder zum Ausgangspunkt, Ihrem ersten Trigger, zurückkehren. Wenn wir also bei dem letzten Beispiel, der Schreibtischlampe bleiben, dann suchen Sie zum ersten Gedanken, der Ihnen dazu einfällt keine weiteren Assoziationen, sondern kehren immer wieder zum Ausgangspunt, in diesem Fall der Schreibtischlampe, zurück und suchen immer wieder neue Assoziationen zu Ihrem gedanklichen Ausgangspunkt, der Schreibtischlampe.

Bei den meisten Menschen, die diese Übung machen, erscheinen zunächst die naheliegenden Assoziationen zum Ausgangsgedanken. Nach einiger Zeit erscheinen aber immer mehr Assoziationen, deren Bezug zum Ausgangsobjekt nicht so leicht nachvollziehbar ist oder es erscheinen Erinnerungen, die weit zurückliegen und an die wir bei oberflächlicher Betrachtung kaum gedacht hätten.

Gerade diese Übung wird Ihnen ein gutes Gefühl dafür geben, was alles in ihrem Unterbewusstsein verborgen liegt und welche unerwarteten Verbindungen in unserem Unterbewusstsein zwischen verschiedenen Begriffen, Bildern oder Geschehnissen vorhanden sind.

Dies ist vor allem auch deshalb interessant, weil die Assoziationen, die unser Unterbewusstsein zwischen zwei Begriffen, Bildern oder Gedanken herstellt, nicht zufällig zustande kommen, sondern auf Verbindungen beruhen, die unser Unterbewussten irgendwann einmal hergestellt hat. Wenn Sie so wollen, erhalten Sie durch diese Übung einen kleinen Einblick, welche Netzwerke von Gedanken in unseren tieferen Bewusstseinsschichten existieren. Dies ist auch deshalb nicht ganz uninteressant, weil unser bewusstes Denken in erheblichem Maße von diesem existierenden Netzwerk der Gedanken beeinflusst wird und auch immer wieder darauf zurückgreift.

Gerade bei dieser Übung rentiert es sich, ab und zu einmal Aufzeichnungen darüber zu machen, was uns alles zu einem bestimmten Begriff, Bild oder Gedanken einfällt. Nur sollten Sie jetzt nicht anfangen den Psychotherapeuten zu spielen und zu versuchen in jeder Assoziation den tieferen Sinn zu entdecken. Lassen Sie die Gedanken fließen, beobachten sie Ihre Gedanken und lassen Sie sie wieder los. Bewahren Sie vor allem eine entspannte Haltung und die nötige innere Gelassenheit.

Assoziationen zu anderen Sinneseindrücken

Genau wie in unserem Gehirn Verbindungen zwischen verschiedenen Bildern, Worten und Gedanken bestehen, existieren solche Assoziationen auch zu Gerüchen, Geräuschen und Tasterlebnissen. Wobei sich gerade diese Assoziationen zu Gerüchen und anderen Sinneseindrücken aus frühen Lebensphasen scheinbar besonders tief und nachhaltig in unsere Gedächtnismuster eingeprägt haben.

Um das ganze Repertoire unserer unterbewussten Gedankenstrukturen in das Übungsprogramm mit einzubeziehen, sollten sie jetzt Ihre Assoziationsübungen in Richtung Geräusche, Gerüche und Tasterlebnisse erweitern. Genau wie in den vorherigen Übungen fangen Sie mit einer Sinneswahrnehmung an und lauschen in sich hinein, was Ihr Unterbewusstsein darauf antwortet. Nehmen Sie z.B. ein Stück Holz oder irgendeinen Gegenstand in die Hand, fühlen, wie es sich anfühlt, und horchen in sich hinein, welche Assoziationen zu diesem Tasterlebnis aus dem Unterbewusstsein in Ihr Bewusstsein aufsteigt.

Dasselbe machen Sie mit Geräuschen und Gerüchen. Nehmen Sie einen Apfel, einige Gewürze, ein Ölkännchen oder einen Tannenzweig zur Hand und beobachten Sie, was Ihnen dazu einfällt. Fühlen Sie die Beschaffenheit der Oberfläche, den Geruch, der von dem Objekt ausgeht, oder empfinden Sie die Festigkeit des Objektes, wenn man etwas Druck ausübt. Lassen Sie den Sinneseindruck auf sich wirken und beobachten Sie, was Ihrem Unterbewusstsein dazu einfällt.

Um sich Geräuschen auszusetzen, können Sie z.B. mit geschlossenen Augen durch die verschiedenen Fernsehprogramme zappen oder mit verschiedenen Gegenständen selbst Geräusche erzeugen.

Ähnlich wie in der letzten Übung können Sie auch Geräusche, Gerüche oder Tasterlebnisse mehrfach hintereinander auf sich wirken lassen und beobachten, welch unterschiedliche Assoziation dazu aus Ihrem Unterbewusstsein aufsteigen.

Assoziationen zu Gefühlen

Wenn Sie mit dem Auslösen und beobachten von Assoziationen zu konkreten Dingen, wie Bildern, Wörtern, Geräuschen oder Tasterlebnissen einige Erfahrungen gesammelt haben, können Sie jetzt auch einen Schritt weitergehen und sich den Assoziationen zuwenden, die Ihr Unterbewusstsein zu Gefühlen und Emotionen findet.

Da die Welt der Emotionen in den älteren oder tieferen Schichten unseres Gehirns liegt, sind die Assoziationen dazu besonders interessant, da sie in die verborgenen Schichten unseres Bewusstseins führen.

Bevor Sie sich Ihren eignen Gefühlen nähern, können Sie diese Übung auch erst einmal ganz abstrakt und unpersönlich ausführen.

Nehmen Sie dazu eines der Wörter der folgenden Liste und lauschen in sich hinein, welche Assoziationen Ihr Unterbewusstsein zu diesen Gefühlen herstellt:

- Angst
- Liebe
- Verzweiflung
- Sehnsucht
- Wut
- Mitleid
- Einsamkeit
- Ekel
- Freude
- Schmerz
- Glück
- Scham
- Stolz
- Gier

Gehen Sie jetzt einen Schritt weiter und ergänzen Sie diese Übung in Ihren eigenen persönlichen Bereich hinein. Stellen Sie sich dazu eine Situation vor, in der Sie besonders ängstlich, zornig oder glücklich waren und beobachten Sie, welche Gedanken Ihnen dazu in den Sinn kommen. Probieren Sie nach den naheliegenden Gefühlen auch die anderen aus der obigen Liste und versuchen Sie diese Liste um Gefühle zu erweitern, die Ihnen besonders wichtig sind oder die Sie bewegen. Hüten Sie sich aber auch hier davor, zu viel in die aufkommenden Gedanken hinein zu interpretieren. Es kommt hier nicht darauf an irgendwelche tiefschürfenden Erkenntnisse zu gewinnen, sondern nur darauf, eine gewisse Sensibilität für die Gedanken zu entwickeln, die aus dem Unterbewusstsein aufsteigen.

In der Sprache der Technik könnte man sagen, dass diese ersten Übungen in erster Linie dazu dienen, Ihre Antenne für die Botschaften aus Ihrem Unterbewusstsein auf Empfang zu schalten. Dadurch erhalten Sie Zugang zu einem nahezu unerschöpflichen Schatz an Informationen und Verarbeitungsergebnissen aus Ihrem Unterbewusstsein.

Sehen was andere nicht sehen

Muster erkennen

Eine andere, mehr visuelle Form des Assoziierens, ist das Erkennen von Mustern in komplexen Strukturen. Eine Fähigkeit unseres Gehirns, die es uns ermöglicht, Zusammenhänge, Gesetzmäßigkeiten und Strukturen wahrzunehmen, ohne dass wir alle Details kennen und alle Informationen immer wieder komplett verarbeiten müssen. So können wir z.B. Gesichter identifizieren, obwohl wir nur Teile davon sehen oder wir können Texte lesen, bei denen jeder dritte Buchstabe fehlt. Ohne, dass wir es bemerken, sucht unser Unterbewusstsein dabei nach ähnlichen Mustern in unserem Gedächtnis und ergänzt die fehlenden Teile.

Die Fähigkeit zur Musterwahrnehmung lässt uns aber auch Dinge sehen, die nur in unserer Fantasie existieren, weil unser Unterbewusstsein in unregelmäßigen Strukturen immer Ähnlichkeiten zu bekannten Formen und Mustern sucht. So sehen wir z.B. im Mond ein Gesicht oder in einer Wolkenformation einen fliegenden Drachen oder ein galoppierendes Pferd. Auch die Sternbilder sind solche Muster, die in Wirklichkeit nichts mit einem echten Bären, Skorpion oder Wagen zu tun haben, sondern lediglich eine gewisse Ähnlichkeit besitzen, wenn man die leuchtenden Punkte gedanklich durch Linien verbindet. Unser Unterbewusstsein ergänzt dabei das real Gesehene zu etwas, das scheinbar Sinn macht oder zu etwas, das wir erkennen und zuordnen können. Vermutlich vergleicht unser Unterbewusstsein bei der Mustererkennung die wahrgenommenen Strukturen mit bekannten Strukturen aus unserem Gedächtnis und erzeugt daraus Bilder und Strukturen, die für uns irgendeine Bedeutung haben.

Oft werden wir dabei bekannte Muster, wie ein Gesicht, ein Tier oder einen Gegenstand erkennen. Es können aber auch alle möglichen anderen Bilder, Figuren oder Szenen sein, die wir in Wolkenformationen, Nebelschwaden, Waldrändern, Felsformationen oder Sandschlieren zu erkennen glauben. All diese Muster sind nichts anderes, als der Ausdruck der Phantasie und Gestaltungskraft unseres Unterbewusstseins. In ihnen kommen unsere Kreativität und unsere Fähigkeit, Neues zu schaffen, zum Ausdruck. Scheinbar Gegenständliches in einem Durcheinander von Details oder in einer zufälligen Anordnung von Elementen zu erkennen, ist das Produkt unserer Kreativität und der Arbeit unseres Unterbewusstseins. Diese Arbeit anzuregen, ist eines der Ziele dieser Übungsserie.

Das Sehen von Mustern in zufälligen Strukturen ist eine hervorragende Übung, um den kreativen Teil unserer intuitiven Intelligenz zu stimulieren.

Am leichtesten gelingt diese Übung mit einem Blick auf den bewölkten Himmel. Lassen Sie dazu den Anblick der Wolkenformationen einfach auf sich wirken, ohne darüber nachzudenken, was diese Wolkenbilder darstellen können und versuchen Sie vor allem nicht krampfhaft, irgendetwas zu erkennen. Lassen Sie das Wolkenbild einfach auf sich wirken und warten Sie welche Bilder Ihnen beim Anblick der Wolken in den Kopf kommen. Ist es ein Tier, ein Schlüssel, ein Gesicht oder etwas ganz anderes?

Was Sie auch immer sehen, es ist das Ergebnis einer Kommunikation zwischen dem Unterbewusstsein und dem wachen Verstand. Bewerten Sie das Gesehene bei dieser Übung nicht über. Es ist kein Blick in eine magische Glaskugel, in der man die Zukunft sieht und es ist auch keine tiefenpsychologische Sitzung, deren Ergebnisse man analysieren könnte. Es ist einfach eine Übung, die unsere Kommunikation mit dem Unterbewusstsein anregen soll.

Selbstredend, dass diese Übung nur Sinn macht, wenn genügend Wolken am Himmel sind und man irgendwelche Strukturen erkennen kann. Bei strahlend blauem Himmel oder bei einem eintönigen Grau kann man sie nicht ausführen.

Aber außer dem Wolkenhimmel gibt es ja noch andere Hintergründe, wie eine borkige Baumrinde, eine Formation zerklüfteter Felsen oder das Geäst eines Baumes, die sich für diese Übung eignen.

Nutzen Sie solche Strukturen immer wieder einmal, um Ihr Unterbewusstsein anzuregen, bildhafte Assoziationen herzustellen und kreative Deutungen zu produzieren.

Erschaffen Sie Ihre eigenen Sternbilder

Seit der Mensch den Himmel beobachtet, versucht er in der zufälligen Anordnung der Sterne eine gewisse Systematik zu erkennen und dem Himmel eine Struktur zu geben. In fast allen Kulturen und Zeitaltern hat man dazu versucht Muster oder Bilder in den verschiedenen Gruppierungen der Sterne zu erkennen. Das erleichterte die Bewegung der Sterne am Himmel systematisch zu erfassen, beflügelte aber auch die Phantasie der frühen Astronomen und Sterndeuter.

Von einem Stier über eine Waage oder einen Krebs hat man eine Vielzahl von Tieren, Figuren und Gegenständen identifiziert, die man alle in der Anordnung der Sterne erkennen kann. Allerdings braucht man bei einigen Sternbildern schon viel Phantasie, um in einer Anordnung von drei oder vier Sternen einen Krebs oder einen Drachen zu erkennen.

Sternbild Krebs

Es gibt aber auch Sternbilder, wie den großen Wagen, bei dem jeder auf den ersten Blick sehen kann, warum man dieses Sternbild so nennt.

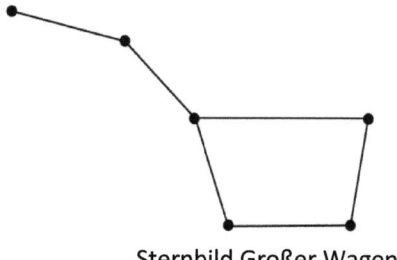

Sternbild Großer Wagen

Andere Sternbilder sind nicht so ohne weiteres zu erkennen und können je nach Betrachter unterschiedlich interpretiert werden. Sehen Sie einfach einmal bei klarer Nacht in den Himmel und versuchen Sie in den verschiedenen Gruppierungen der Sterne bildhafte Inhalte zu erkennen.

Damit Sie bei dieser Übung nicht auf die Nachtzeit und einen klaren Himmel angewiesen sind, können Sie sich Ihren Sternenhimmel auch künstlich erzeugen, indem Sie auf einem Blatt Papier wahllos einige Dutzend Punkte oder Sterne malen. Sie müssen dabei nur darauf achten, dass Ihre Sterne nicht völlig gleichmäßig über das Blatt verteilt sind, sondern an einigen Stellen Häufungen oder Leerräume bilden. Andernfalls fällt es schwer, irgendwelche Muster zu erkennen, die Gegenständen, Tieren oder Figuren ähneln.

Am besten Sie machen sich von Ihrem Sternenhimmel gleich einige Kopien, dann können Sie die Übung mehrfach durchführen und müssen nicht immer wieder ein neues Firmament erschaffen.

Die eigentliche Übung ist dann wie der echte Blick in den Himmel. Sie betrachten Ihren Sternenhimmel zunächst völlig absichtslos und entspannt und warten welche Bilder Sie in den einzelnen Gruppierungen der Sterne wahrnehmen. Diese können Sie dann wie die alten Astronomen mittels eines Stiftes mit Linien verbinden.

Ausmalen einmal anders

Beim üblichen Ausmalen von Figuren in Malbüchern sind die Konturen oder Umrisse vorgegeben und man muss diese Flächen durch

Schraffieren oder Einfärben ausfüllen. Bei dieser Übung machen wir es umgekehrt. Wir erzeugen zuerst die bemalten Flächen und sehen dann, welche Umrisse und Verbindungsstriche dazu passen.

Zur Ausführung dieser Übungen nehmen Sie einfach ein leeres Blatt Papier und schraffieren oder bemalen darauf einige Stellen, so dass mehrere unregelmäßige Flächen entstehen. Sie können auch eine große Fläche erzeugen, die aber Strukturen und zerklüftete Ränder aufweisen sollte. Andernfalls ist es schwer irgendwelche Muster oder Bilder darin zu erkennen. Machen Sie sich dabei nicht zu viele Gedanken, was Sie eigentlich malen und wie Ihre Flächen aussehen. Nehmen Sie einfach einen weichen Bleistift zur Hand und malen Sie drauf los.

Wenn Sie auf diese Weise einige Muster erzeugt haben, lassen Sie die Muster auf sich wirken und beobachten Sie, welche konkreten Bilder Sie darin sehen. Was sehen Sie z.B. in dem folgenden Bild.

Vielleicht sehen Sie in diesem Bild einen Vogel mit einem großen Schnabel, der von rechts nach links läuft. Oder vielleicht eine Wolke mit einem Blitz oder irgendetwas anders. Aber ganz gleich was Sie sehen, immer ist es Ihr Unterbewusstsein, das zu den wild

schraffierten Flächen irgendwelche Bezüge zu gespeicherten Informationen herstellt. Und so trainieren Sie die Fähigkeit auf diese
Arbeit Ihres Unterbewusstseins bewusst zugreifen zu können.

Legen Sie jetzt los und schraffieren Sie einige kleinere und größere
Flächen und lassen Sie sich überraschen welche Bilder Sie darin
sehen.

Übungen zur Anregung von Phantasie und Kreativität

Wort-Kombinationen

Die folgende Übung ist geradezu ein Klassiker unter den Übungen zur Steigerung der eigenen Kreativität. Sie beruht auf dem Prinzip, neue Formen, Funktionsweisen oder Problemlösungen dadurch zu finden, dass man bekannte Elemente solange miteinander kombiniert, bis das Ergebnis in Form, Funktion und Aussehen etwas völlig Neues darstellt. In vielen Büchern über Kreativitätstechniken, wird diese Methode in der einen oder anderen Form beschrieben. Sie eignet sich aber nicht nur, um in konkreten Anwendungsfällen wirkliche Lösungen zu finden, sondern auch ganz allgemein, um unseren Zugriff zu den Speicherinhalten unseres Unterbewusstseins zu trainieren.

Um diese Übung auszuführen, müssen Sie sich erst einmal zwei Listen von Gegenständen zusammenstellen, die Sie rein zufällig auswählen und die Sie nebeneinander anordnen. Dann schließen Sie die Augen und verbinden je ein Wort der linken Liste durch einen Strich mit einem Wort der rechten Liste. Ob Sie die Wörter dabei genau treffen ist egal. Wichtig ist nur, dass Sie zufällige Paare von Begriffen bilden.

Die eigentliche Übung besteht dann darin, dass Sie die beiden Begriffe in Ihrem Kopf miteinander kombinieren und sich vorstellen, was die Kombination aus den beiden ausgewählten Begriffen darstellt und wie sie aussieht. Stellen Sie sich dabei das Ergebnis möglichst bildhaft und plastisch vor. Machen sie sich dabei erst einmal keine Gedanken darüber, zu was man das neue Objekt gebrauchen kann oder welche Vor- und Nachteile es aufweist. Kombinieren sie einfach die beiden gewählten Begriffe und sind sie gespannt, was dabei herauskommt.

Baum	Kran
Streichholz	Teich
Kristall	Glühbirne
Stuhl	Turm
Fernrohr	Vorhang
Schiff	Hut
Tulpe	Fahne
Stern	Laterne
Fenster	Felsen
Luftmatratze	Buch

Haben Sie z.B. zufällig die Worte Kristall und Buch ausgewählt, dann könnten die ersten Kombinationen der beiden Begriffe ein Sachbuch über Kristalle sein oder ein Bucheinband, der mit Edelsteinen und funkelnden Kristallen besetzt ist. Damit haben Sie in Ihrer Vorstellung zwar schon eine gelungene Kombination zweier Begriffe geschaffen, aber das Ergebnis ist bis jetzt weder besonders aufregend, noch wirklich kreativ.
Das ändert sich aber schnell, wenn Sie die Übung konsequent weiter führen und die ausgesuchten Begriffe in Ihrem Geist immer und immer wieder miteinander kombinieren. Dann entfernen sich die

Ergebnisse mehr und mehr von den ursprünglichen Begriffen und führen schließlich zu echt innovativen Konstrukten.

So entsteht dann z.b. ein Buch das komplett aus Bergkristall besteht und in dessen Seiten die Buchstaben wie Hieroglyphen eingeritzt sind. Oder Sie sehen vor Ihrem geistigen Auge einen großen Kristall, in dem ein geheimnisvolles Buch, wie ein fossiles Insekt eingeschlossen ist. Vielleicht denken Sie aber auch an ein Buch aus zwei rechteckigen, kristallinen Silizium-Scheiben, wie sie für die Herstellung von Halbleitern und Sonnenkollektoren benutzt werden. Ihr Buch wird dann zu einem faltbaren Transistor oder einem aufklappbaren Sonnenkollektor. Oder Sie stellen sich vor, die Seiten Ihres Buches wären aus einem weichen und biegsamen Kristall, der zwar leuchtet und funkelt, aber sich sonst wie ein Blatt Papier anfühlt. Vielleicht fällt Ihnen bei der Kombination aus Buch und Kristall ein Prisma ein, das den einfallenden Lichtstrahl wie die Seiten eines Buches in die Regenbogenfarben aufspaltet und so das Hologramm eines Buches entstehen lässt. Auch ein magischer Kristall, der die Weisheit von Büchern wie einen Lichtstrahl bündelt und diese direkt in unser Gehirn produziert, wäre denkbar.

Wenn man das Kombinieren der Begriffe ausdauernd genug ausführt, werden die Ergebnisse immer ausgefallener und innovativer. Dann bleibt vom Buch eventuell nur noch die Bindung der Seiten übrig, die mit vielen Kristallen eine Hängebrücke formt oder der Kristall wird zu Sternenstaub, der die Figuren aus einem Buch zum Leben erweckt. Gedanklich könnte auch ein Buch entstehen, das zum Dach einer Berghütte wird, auf dem die Schneekristalle glitzern oder ein Buch aus Holz, das wie eine Brücke einen kristallenen

Fluss überspannt. Es könnte Ihnen aber auch eine neuartige antike Rechenmaschine in den Sinn kommen, die aus einem Buch besteht, indem auf jeder Seite Kristalle Zahlen symbolisieren und mit der man durch Blättern addieren oder subtrahieren kann.

Man könnte dieses Bilden von Kombinationen noch beliebig lang fortsetzen. Aber, die hier dargestellten Beispiele zeigen bereits deutlich, wie diese Übung ausgeführt wird und wie viel Kreativität in unserem Unterbewusstsein steckt.

Für die ersten Versuche mit dieser Übung können Sie zunächst einmal die zuvor abgedruckte Liste verwenden. Sie können sich aber auch gleich daran machen, eigene Listen von Begriffen zu erstellen und dann damit arbeiten.

Noch mehr Kombinationen

Nachdem wir verschieden Gegenstände im Geist miteinander kombiniert, verschmolzen und zusammengebracht haben, wollen wir die Übung jetzt etwas erweitern. Statt zwei Gegenstände, wollen wir jetzt einen Gegenstand mit einem Gefühl oder einer Emotion kombinieren und beobachten, wie die Symbiose zwischen einem Gefühl und einem Gegenstand aussieht.

Erstellen Sie sich jetzt wieder zwei Listen, die sie nebeneinander anordnen. In der linken Liste schreiben sie wieder zehn Gegenstände untereinander und in der rechten Liste zehn Gefühle. Dann stellen Sie Kombinationen aus Elementen der linken und der rechten Liste her.

Eine mögliche Lösung mit zwei Listen könnte hier z.B. so aussehen:

Sonne	Hass
Turm	Liebe
Himmel	Langeweile
Wasser	Ekel
Stein	Freude
Krone	Zorn
Berg	Angst
Quelle	Gier
Licht	Begeisterung
Nebel	Trauer

In diesem Beispiel wurden bewusst solche Gegenstände ausgewählt, die ein bestimmtes Prinzip ausdrücken oder besondere Symbolkraft besitzen. Das macht es leichter, sie mit Gefühlen in Verbindung zu bringen. Aber natürlich können Sie auch jede andere Liste von Gegenständen verwenden.

Genau wie in der letzten Übung verbinden Sie wieder mit geschlossenen Augen einen Begriff der linken Liste mit einem Begriff der rechten Liste und stellen sich möglichst plastisch vor, was bei der Kombination der beiden Begriffe entsteht.

Stellen Sie sich jetzt also vor, was Ihnen einfällt, wenn Sie die Begriffe Nebel und Angst miteinander verbinden. Oder Ihr erstes Begriffspaar ist Berg und Freude. Vielleicht kommt Ihnen dann in den Sinn, welche Freude ein Bergsteiger empfindet, wenn er den Gipfel erreicht hat oder wie Sie sich auf den nächsten Urlaub freuen, der

Sie vielleicht in die Berge führt. Lassen Sie dabei Ihren Gedanken freien Lauf und bewerten Sie nicht. Beobachten sie einfach, was Ihnen zu einem bestimmten Begriffspaar einfällt und bilden Sie dann das nächste Paar.

Statt Gegenstände mit Gefühlen, können Sie natürlich alle möglichen anderen Kategorien miteinander kombinieren. Vielleicht probieren Sie als nächstes, Gegenstände mit Verben oder Verben mit Farben zu kombinieren. Wenn Ihnen dieser Übungstyp zusagt, lassen Sie Ihrer Phantasie bei der Erstellung der Listen freien Lauf.

Sonne	Gelb
Turm	Blau
Himmel	Grau
Wasser	Grün
Stein	Lila
Krone	Rot
Berg	Braun
Quelle	Rosa
Licht	Violett
Nebel	Weiß

Selbstverständlich können Sie diese Technik nicht nur als reine Übung verwenden, sondern sie auch als Technik benutzen, um für ein bestimmtes Problem eine kreative Lösung zu suchen. Wenn Ihre Problemstellung z.B. darin besteht, dass Sie nach einer originellen Idee für Ihre anstehende Geburtstagsfeier suchen, dann kombinieren Sie doch einfach einmal den Begriff Party, Stimmung oder Feier der Reihe nach mit den Begriffen aus einer der Listen, die oben dargestellt sind, und lassen sich überraschen, was Ihnen dabei zu Ihrer nächsten Geburtstagsfeier alles einfällt.

Der Schritt in fremde Welten

Stellen Sie sich vor, Sie treten durch ein magisches Tor und nach dem Durchschreiten dieses Tores befinden Sie sich in einer ganz anderen Welt. Einer sanften Hügellandschaft, einer bizarren Eiswüste, auf einer kleinen Insel, in einem felsigen Gebirgstal oder an einem anderen Ort, der Ihnen gerade so in den Sinn kommt.

Der Fantasie sind hier keine Grenzen gesetzt und es sollten ihr auch keine Grenzen gesetzt werden. Vielleicht befinden Sie sich nach dem Durchschreiten des Tores in einem unheimlichen Zauberwald, in einer mittelalterlichen Stadt oder auf einem fernen Planeten mit Baumriesen aus schwarzem Gestein und Seen aus Quecksilber. Wichtig ist aber, dass Sie vor dem Durchschreiten des Tores nicht zu detailliert festlegen, was Sie gleich sehen werden, sondern nur eine grobe Vorgabe machen und dann Ihr Unterbewusstsein die Bilder entwickeln lassen.

Wenn Sie sich z.B. auf eine Reise in eine mittelalterliche Stadt begeben, dann lassen Sie sich davon überraschen, wem Sie begegnen, welche Händler den Markt bevölkern oder wie die Gassen aussehen, die sich zwischen den Häusern befinden. Lenken Sie einfach Ihre Schritte, durch das Bild, das Sie gerade sehen und lassen Sie zu, dass Ihr Unterbewusstsein neue Bilder produziert, um das Gesehene zu ergänzen und es weiter fortzuführen. Versuchen Sie nicht, Bilder bewusst heraufzubeschwören oder zu erzwingen. Gehen Sie einfach weiter und lassen Sie das Entstehen neuer Bilder einfach geschehen.

Vergessen Sie dabei nicht, dass alles was Sie hinter dem magischen Tor sehen, aus dem reichhaltigen Schatz Ihres Unterbewusstseins stammt oder von Ihrem Unterbewusstsein aus den gespeicherten Bruchstücken erzeugt wird. Lassen Sie sich davon faszinieren, welche Schätze in Ihrem Unterbewusstsein lagern und zu welchen kreativen Leistungen Ihr Unterbewusstsein fähig ist.

Geschichten erfinden

In dem Film „Jenseits von Afrika" demonstriert Meryl Streep in der Figur der Karen Blixen die Fähigkeit, spontan Geschichten zu erzählen. Dabei entwickelt sie eine ganze Geschichte aus einem einzigen vorgegebenen Satz und erzählt die Geschichte während diese in ihrem Kopf entsteht.

Was im Film als eine Art Gesellschaftsspiel dargestellt wird, eignet sich für unsere Zwecke als hervorragende Übung, um Inhalte und Bilder aus unserem Unterbewusstsein abzurufen und zu verknüpfen. Gerade durch das Weiterspinnen einer Geschichte animieren wir unser Unterbewusstsein dazu, in schneller Folge auf seinen großen Speicher zurückzugreifen und uns mit Bildern, Gedankenketten und neu generierten Handlungssequenzen zu versorgen. Dabei können wir unsere Fantasie und Kreativität voll zum Ausdruck bringen und sie gleichzeitig in hervorragender Weise trainieren.

Im Prinzip eignet sich jeder Satz, um daraus eine Geschichte zu entwickeln, wenn man erst einmal die Lockerheit erlangt hat, seiner Fantasie freien Lauf zu lassen. Aber es gibt natürlich Sätze, die sich geradezu anbieten, um sie zu einer Story auszubauen.

Vor allem Sätze, die damit enden, dass jemand etwas sieht, sagt, über etwas erschrickt oder die sonst irgendwie nach einer Fortsetzung des angefangen Satzes verlangen, eignen sich für diese Übung am besten.

Wenn Ihnen der Start damit leichter fällt, nehmen Sie zuerst einmal einen der folgenden Sätze und ergänzen Sie ihn zu einer kleinen fortlaufenden Geschichte:

Als Luise den Raum betrat, sah sie zuerst ...

Der Morgen begann so vielversprechend, aber dann ...

Als er um die Ecke kam, sah er sofort, was passiert war...

Nach langem Suchen fand ich im Garten endlich ...

Als ich den Gipfel des Berges erreicht habe, ...

Mit dem ersten Schnee kamen die Erinnerungen an, ...

Eine gute Quelle für Anfangssätze sind auch Romane, die Sie wahllos aus dem Bücherregal nehmen. Schlagen sie das gewählte Buch auf, lesen Sie den ersten Satz, schlagen das Buch wieder zu und erzählen Sie Ihre eigene Geschichte.

Versuchen Sie am Anfang aber nicht gleich einen ganzen Roman mit einer geschlossenen Handlung und einem aufregenden Schlussteil zu erzählen. Machen Sie es sich einfach. Errichten Sie keine Blockaden oder Hürden durch zu hohe Ansprüche an sich selbst. Begnügen Sie sich am Anfang damit, einige sinnvoll aufeinanderfolgende Sätze zu erzählen. Mit der Zeit werden die Geschichten schon länger und die Handlung geschlossener und zusammenhängender. Dabei ist es egal, ob Sie die Geschichten laut erzählen oder nur gedanklich sprechen. Wichtig ist, dass sie Ihre Ideen sprudeln lassen und zusehen, was alles aus Ihrem Unterbewusstsein ans Tageslicht kommt und wie sich so eine Geschichte entwickelt. Vergessen Sie nicht, was hier zählt, ist die Fantasie und nicht das geschliffene Wort.

Wenn Sie wollen, können Sie Ihre Geschichten auch mit dem Kassettenrekorder oder einem Smartphone aufnehmen und sie dann nach einiger Zeit fortsetzen. Hüten Sie sich aber davor, nach jedem Satz eine Gedankenpause einzulegen und systematisch darüber nachzudenken, wie die Geschichte weitergehen könnte und welche Überleitung jetzt notwendig wäre. Erzählen Sie ganz spontan, was ihnen in den Sinn kommt. Der Zweck der Übung besteht nicht darin, mit viel Überlegung die beste Geschichte zu basteln, sondern den Gedanken freien Lauf zu lassen und zu beobachten, was Ihrem Unterbewusstsein einfällt, um die Geschichte immer weiter zu spinnen.

Freies Schreiben

Wenn Ihnen das Erfinden ganzer Geschichten mit durchgehender Handlung schwer fällt, probieren Sie es einmal mit dem freien Schreiben, einem Klassiker unter den Übungen zur Entwicklung der intuitiven Fähigkeiten.

Nehmen Sie sich dazu ein leeres Blatt Papier, entspannen Sie sich und schreiben einfach alles auf, was Ihnen in den Sinn kommt. Bleiben Sie dabei locker und unverkrampft. Zwingen Sie sich nicht zu bestimmten Gedanken und versuchen Sie nicht krampfhaft an irgendetwas Bestimmtes zu denken. Schreiben Sie einfach drauf los. Denken Sie daran, dass diese Übung freies Schreiben genannt wird und nicht exaktes Formulieren.

Vielleicht sind es am Anfang nur Wörter oder Bruchstücke von Sätzen und sicher macht der ganze Text bei Ihren ersten Schreibübungen keinen Sinn. Aber darauf kommt es auch gar nicht an. Viel wichtiger ist es, dass sie die Blockaden zwischen Ihrem Unterbewusstsein und Ihrem rationalen Verstand aufbrechen und Erinnerungen, die tief in Ihrem Unterbewusstsein vergraben sind, zu Tage fördern.

Wenn Sie diese Übung öfters machen, wird sie Ihnen garantiert immer leichter fallen und die produzierten Texte werden immer flüssiger und ergeben immer mehr Sinn. Sie können jetzt auch die Texte in bestimmte Richtungen lenken. Und das ohne, dass Sie dabei Ihre innere Lockerheit aufgeben.

Nehmen Sie als Startpunkt irgendeinen Begriff, wie Sonne, Bruder, Haus oder was Ihnen sonst so einfällt und schreiben Sie auf, was Ihnen dazu in den Sinn kommt. Zuerst vielleicht nur die einzelnen Worte, aber später wird daraus eine kleine Geschichte oder wenigstens einige zusammenhängende Sätze. Dabei können die niedergeschriebenen Sätze um den gewählten Begriff kreisen oder in einer eigenen Geschichte immer weiter weg führen. Schreiben Sie einfach, was Ihnen einfällt.

Mit dem Beispiel Sonne könnte das Ergebnis eines Versuchs im freien Schreiben z.B. so aussehen:

Sonne, viel zu heiß, Sonnenbrand, Urlaub bald zu Ende, dann wieder in die Arbeit, bald ist es Winter, die Tage werden kürzer, ich gehe über das Schneefeld, hinter mir die Sonne, der Abend zieht herauf, ich suche Schutz, das Feuer wärmt den ganzen Körper, mir wird warm, ich habe neue Kraft, endlich zu Hause.

Es kann aber auch so oder anders aussehen.

Die Sonne gibt mir Kraft und Stärke. Ich nehme die Sonnenstrahlen mit meinem ganzen Körper auf. Sie durchdringen mich, sie wärmen mich und erfüllen mich mit tiefer Zufriedenheit. Ohne Sonne können wir nicht leben. Sonne ist überall. Sie ist der Motor allen Lebens auf dieser Erde. Unter der Sonne bin ich frei, hier kann ich mich bewegen.

Das erste Beispiel ist mehr assoziativ und führt vom Ursprungswort „Sonne" weg. Das zweite geht schon mehr in die Richtung zusammenhängender Sätze und kreist um das Ursprungswort. Andere Beispiele sind kleine zusammenhängende Geschichten. All diese Varianten sind möglich. Hauptsache Sie schreiben unverkrampft auf, was Ihnen gerade in den Sinn kommt.

Als Hilfestellung können Stichworte dienen, die Sie sich vorher zurechtlegen. Sie können aber auch mit Ihrer augenblicklichen Gefühlslage starten zu schreiben. Machen Sie sich einfach bewusst, wie Sie sich gerade fühlen und schreiben Sie nieder, was Ihnen dazu einfällt.

Schreiben Sie aber auf jeden Fall mit Papier und Stift und nicht an einem Tablet oder Laptop. Letzteres hat sich einfach nicht bewährt.

Freies Malen

Eine ähnliche Übung, wie das freie Schreiben stellt das freie Malen oder Zeichnen dar. Hierbei drücken Sie Ihre spontanen Einfälle nicht durch Worte aus, sondern durch Linien, Figuren, Formen und Strukturen. Um diese Übung auszuführen brauchen Sie nur ein Blatt Papier und irgendein Mal- oder Zeichengerät. Das kann ein Bleistift, ein Pinsel oder ein ganzes Bündel Buntstifte sein. Probieren Sie zuerst einmal ohne jede Starthilfe loszulegen. Lassen Sie Ihrer Hand freien Lauf und sind Sie gespannt, was auf dem Papier entsteht. Erwarten Sie aber bei den ersten Versuchen keine Kunstwerke oder galeriereife Bilder. Achten Sie vielmehr darauf, dass Sie nicht bewusst versuchen etwas darzustellen, sondern lassen Sie das Malen oder Zeichen einfach geschehen.
Vielleicht sind die ersten Bilder auf dem Papier einfach nur einige geometrische Formen, die Sie spielerisch mit Linien verbinden oder vielleicht bestehen Ihre ersten intuitiven Bilder aus einem wilden Gewirr von Linien, die sich mal schneiden und mal parallel laufen. Oder Sie fangen mit etwas Gegenständlichem an und ergänzen dieses Objekt mit spontanen Linien und Schraffuren. Hauptsache Sie verlieren dabei nicht aus dem Auge, dass nicht das fertige Bild das Ziel dieser Übung ist, sondern der freie Fluss der Gedanken, der sich bildhaft auf dem Papier ausdrückt.

Wenn Ihnen das Zeichnen ohne jede Starthilfe schwerfällt, dann nehmen Sie sich einfach einen Begriff, wie Haus, Sonne oder Berg, den Sie zu Beginn bewusst zeichnen und ergänzen Sie dann das Bild mit allen möglichen Elementen, die Ihnen in den Sinn kommen. Sie können aber auch damit anfangen, alle möglichen geometrischen Formen, wie Kreise, Dreiecke oder Vierecke in verschiedenen Größen einfach aneinanderzureihen bis größere Formen und Strukturen entstehen. Wichtig ist nur, dass Sie locker bleiben und das Zeichen von innen heraus geschieht.

Ähnlich wie beim freien Schreiben, können Sie beim freien Malen aber auch beliebige Gefühle oder Ihren augenblicklichen Gefühlszustand als Starthilfe verwenden. Machen Sie sich bewusst, wie Sie sich gerade fühlen, lassen Sie diese Stimmung auf sich wirken und zeichnen Sie darauf los.

Erfahrungsgemäß fällt das freie Malen vielen Menschen leichter, als das freie Schreiben. Sollten Sie also mit dem freien Schreiben nicht so gut zurechtkommen, dann starten Sie einfach mit dem freien Zeichnen.

Wissen aus dem Unterbewusstsein

Bruchstück Lesen

Wenn wir das Bild eines bekannten Gesichtes abdecken und dann stückchenweise sichtbar machen, ist es immer wieder erstaunlich, wie wenig wir sehen müssen, um zu erkennen, wer hier abgebildet ist. Oft genügen schon 20 oder 30 % eines Gesichtes, um die jeweilige Person zu identifizieren. Wenige markante Teile des Gesichtes reichen unserem Unterbewusstsein offensichtlich aus, um ein Gesicht eindeutig erkennen zu können.

Diese Leistung kann unser Unterbewusstsein aber nicht nur bei visuellen Darstellungen erbringen, sondern auch in anderen Bereichen, wie z.B. beim Erfassen von geschriebenen Texten. Das können wir nutzen, um damit einen weiteren Aspekt unserer intuitiven Fähigkeiten zu trainieren.

Nehmen Sie sich irgendein Buch zur Hand, schlagen Sie es auf der ersten Seite auf und lesen Sie einen Satz auf dieser Seite. Dann blättern Sie um und lesen auf der nächsten Seite wieder einen Satz. So fahren Sie fort, bis zur letzten Seite des Buches. Wenn Sie auf der letzten Seite des Buches angelangt sind, haben sie nur einige Prozent des gesamten Textes des Buchs gelesen. Trotzdem haben Sie jetzt eine gewisse Vorstellung davon, um was es in diesem Buch geht oder wie sich die Handlung grob darstellt.

Diese Vorstellung wird natürlich nicht so präzise sein, wie wenn Sie das Buch aufmerksam und Zeile für Zeile gelesen hätten. Aber dafür haben Sie auch nur Bruchteile der Zeit aufgewendet, die Sie für ein intensives Lesen benötigt hätten. In dieser kurzen Zeit haben Sie in enger Zusammenarbeit mit Ihrem Unterbewusstsein wesentliche Aspekte des Inhalts erfasst. Sie haben dabei die Fähigkeit Ihres Unterbewusstseins genutzt, aus Bruchstücken der Gesamtinformation ein Bild, eine Situation oder einen Text zu erfassen. Eine Fähigkeit, der man sich z.b. beim sogenannten Speed Reading oder Schnelllesen bedient.

Für unsere Zwecke ist es eine Übung, bei der wir die Fähigkeit trainieren, aus kleinen bewusst wahrgenommenen Informationsstücken den Gesamtzusammenhang eines Textes oder einer Situation zu erfassen und zu verstehen. Eine Fähigkeit, die nicht nur eindeutig unserer intuitiven Intelligenz zuzuordnen ist, sondern auch im Alltag sehr hilfreich sein kann.

Um hier schnell Erfolge zu erzielen, sollte man gerade bei den ersten Versuchen mit dieser Übung einfache, zusammenhängende Texte verwenden. Am besten eignen sich Kurzgeschichten oder Romane mit einfacher Handlung. Hat man mit der Fähigkeit, Zusammenhänge aus Bruchstücken zu verstehen, positive Erfahrungen gemacht und auch einige Routine darin erworben, kann man die Kompliziertheit der Texte steigern.

Intuitives Mind-Mapping

Beim üblichen Mind-Mapping wird von einem zentralen Thema oder Schlüsselbegriff aus eine Grafik entwickelt, in der das zentrale Thema in immer mehr Aspekte aufgefächert und spezialisiert wird. Es werden also zunächst einige Aspekte mit enger Beziehung zum

Zentralthema gesucht und diese dann um das Zentralthema herum angeordnet. Danach werden zu diesen Aspekte wiederum untergeordnete Aspekte gesucht, in die sich der jeweilige Aspekt auffächern lässt. So entsteht systematisch ein Beziehungsgeflecht aller (vieler) Aspekte eines Themas.

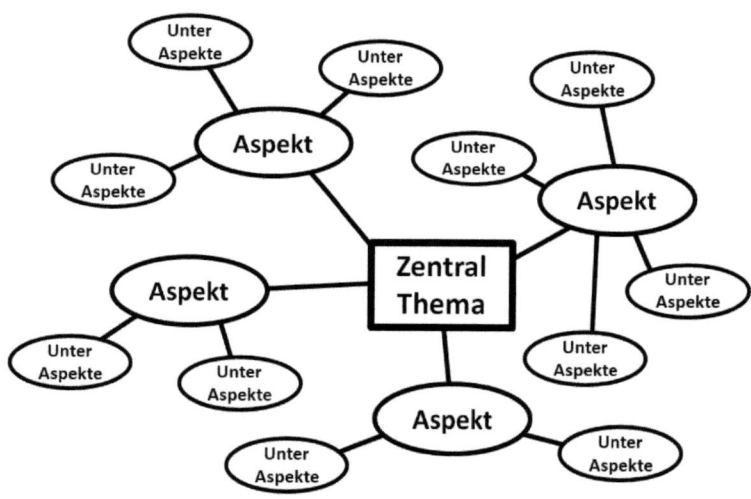

Es wird dabei fast immer von innen nach außen oder vom Allgemeinen zum Speziellen gearbeitet. Oft ist so eine Mind-Map allerdings nichts anderes, als der Versuch, Ordnung in ein komplexes Thema zu bringen.

Für unsere Zwecke können wir diese Methode aber auch umdrehen. Zeichnen Sie dazu zuerst eine Mind-Map ohne irgendeine Beschriftung der Felder. Dann beginnen Sie damit einige zufällige Begriffe in die äußeren Felder zu schreiben, lassen Sie diese Begriffe eine Zeitlang auf sich wirken und füllen Sie dann die anderen Felder von außen nach innen. Arbeiten Sie dabei spontan und lassen Sie sich von Ihren Eindrücken inspirieren. Vermeiden Sie es auf jeden Fall, ausführliche logische Überlegungen anzustellen und das Ganze zu systematisch anzugehen. Denken Sie nicht lange darüber nach, welcher Begriff wo stehen müsste und welchen anderen Begriff er ergänzen könnte. Lassen Sie sich einfach treiben und schreiben Sie die Begriffe von außen nach innen in Ihre Mind-Map. Schreiben Sie so, wie Sie Ihnen einfallen, und lassen Sie sich überraschen, bei welchem Zentralbegriff Sie am Ende der Übung landen.

Wenn Ihre Mind-Map fertig ist, lassen Sie das ganze „Kunstwerk" auf sich wirken und stellen Sie sich die Frage, was Ihnen dieses Konstrukt jetzt sagen will. Manchmal offenbart so ein visuelles Konstrukt schon auf den ersten Blick Antworten auf Fragen, die Sie sich schon lange gestellt haben. Manchmal sieht man auf den ersten Blick auch gar nichts, was irgendeine Bedeutung hat. Lassen Sie dann die Mind-Map einige Zeit liegen und versuchen Sie es später erneut.

Das Wesentliche dieser Übung besteht ohnehin nicht darin, von den produzierten Mind-Maps fertige Problemlösungen oder detaillierte Antworten auf gestellte Fragen zu bekommen, sondern darin, den Prozess der intuitiven Herstellung von Beziehungen anzuregen..

Intuitives Erfassen von Situationen

Jede Situation, die wir betrachten, besteht aus einer Vielzahl einzelner Informationen. Bewusst nehmen wir davon immer nur Bruchteile war. Deshalb konzentrieren wir uns mit dem wachen Verstand immer auf das Offensichtliche und Vordergründige einer Szene und sehen über die große Menge an Details einfach hinweg. Aber gerade diese große Zahl von Details geben einer Situation erst Sinn und Bedeutung.

Der bewusste Verstand kann eine so große Menge an Informationen nie vollständig erfassen. Was man schon daran sieht, dass wir die vielen Details, die eine Situation ausmachen, gar nicht wahrnehmen und uns an sie auch nicht erinnern können.

Schon wenige Augenblicke, nachdem wir eine bestimmte Szene mit mehreren Menschen gesehen haben, können wir oft schon nicht mehr sagen, wer links von der Tür saß, ob eine bestimmte Person ein blaues Hemd trug oder welche Farbe das Tischtuch hatte. Die Aufnahme- und Speicherfähigkeit unseres aktiven Verstandes ist einfach zu gering, um all diese Informationen zu erfassen und für uns verfügbar zu halten.

Besonders deutlich wird uns dies, wenn wir überraschend mit einer komplexen Situation konfrontiert werden, wie z.B. die Polizeibeamten, die als erste bei einer Geiselnahme eintreffen oder die Feuerwehrleute, die schnell einen Überblick über das Ausmaß und die Besonderheiten eines Brandherdes gewinnen müssen. In all diesen Fällen kommt man mit rein rationalen Überlegungen schnell an seine Grenzen. Denn in solchen Situationen ist für eine ausführliche Analyse der Lage meist keine Zeit und außerdem hat man in den ersten Sekunden nie alle Informationen verfügbar, die man für eine streng logische Analyse der Situation bräuchte.

Hier ist unser unterbewusster Verstand deutlich überlegen. Denn das Unterbewusstsein kann viel mehr Informationen erfassen, speichern und verarbeiten, als unser bewusster Verstand. Daraus ensteht dann unsere Erfahrung oder das intuitive Wissen, mit dem wir schnell reagieren und entscheiden können.

Voraussetzung dafür ist allerdings, dass wir eine gewisse Übung und Vertrautheit darin besitzen, diese intuitiven Bewertungen ins Bewusstsein zu lassen und sie wahrzunehmen. Diese Fähigkeit kann man aber entwickeln und systematisch fördern. Dazu muss man immer wieder versuchen, Situationen intuitiv zu erfassen und zu beurteilen.

Am einfachsten ist das, wenn man den Ton eines Fernsehgerätes abstellt und dann solange die Sender wechselt, bis man bei einem Spielfilm angelangt ist. Betrachten Sie dann das Geschehen einige Sekunden und versuchen Sie zu erahnen, um was es hier gerade geht. Wenn Sie jetzt den Ton zuschalten, können Sie leicht überprüfen, wie dicht Sie der Realität gekommen sind. Besser als ein Fernsehgerät eignet sich hier ein Videorecorder oder DVD Player, den man anhalten kann, um das Gesehene zu reflektieren.

Prinzipiell eignen sich dazu aber auch alle Szenen, die Sie in Ruhe betrachten können und bei deren Betrachtung Sie sich in einer Situation befinden, die es Ihnen erlaubt einige Sekunden die Augen zu schließen. Das kann beim Betreten eines Konzertsaales, eines Büros oder eines Cafés sein oder in jeder anderen Situation, mit der man plötzlich konfrontiert wird. Zur Not tut es auch ein gemaltes Bild oder ein Foto in einer Illustrierten.

Wenn möglich versuchen Sie nach Ihrer intuitiven Beurteilung irgendein Feedback zu bekommen, um zu sehen, wie gut Sie die Szene oder Momentaufnahme wirklich erfasst haben. Aber auch ohne Feedback eignet sich diese Übung hervorragend, um das intuitive Erschließen von Situationen zu trainieren. Eine Fähigkeit, die in vielen Lebenssituationen sehr hilfreich sein kann.

Der Blick in die Zukunft

Intuition beruht zu einem erheblichen Teil auf der Nutzung von Wissen, das in unserem Unterbewusstsein gespeichert ist, aber dem bewussten Verstand verborgen bleibt. Gerade auf dieses Wissen greifen wir zurück, wenn wir intuitiv entscheiden oder wenn wir Dinge wissen, ohne angeben zu können, woher dieses Wissen stammt. Die Fähigkeit, dieses unterbewusste Wissen zu nutzen, ist eines der Fundamente unserer intuitiven Intelligenz.

Eine hervorragende Methode, um diese Fähigkeit zu entwickeln und systematisch auszubauen, besteht darin, zu prognostizieren, wie sich Menschen in den nächsten Sekunden oder Minuten verhalten werden. Versuchen Sie einmal vorherzusagen, wer als Nächster im Zug aussteigt, wer in einem Meeting als Erster das Wort ergreift oder nach Betreten eines Kaufhauses in eine bestimmte Abteilung geht.

Natürlich haben derartige Vorhersagen nichts mit übersinnlichen Fähigkeiten zu tun. Stattdessen beruhen sie auf den vielen Informationen, die wir unbewusst aufnehmen und die unser Unterbewusstsein verarbeitet, ohne dass wir es merken. Genau darauf beruht aber die intuitive Intelligenz, die wir bei solchen Vorhersagen nutzen und die wir durch derartige Übungen schulen wollen.

Bewusst nehmen wir von den Personen, die im Zug sitzen, an einem Meeting teilnehmen oder die ein Kaufhaus betreten, nur sehr wenige Informationen wahr. Bewusst könnten wir aus diesen wenigen Informationen auch nicht viele Schlüsse über deren zukünftiges Verhalten ziehen. Unser Unterbewusstsein kann das aber sehr wohl. Denn ins Unterbewusstsein gelangen viel mehr Informationen über unsere Mitmenschen, als wir aktiv wahrnehmen. Ohne es zu merken, nehmen wir wahr, welche Signale der Körpersprache unsere Mitmenschen aussenden, wohin sie blicken, ob sich ihr Verhalten kurz vor einer Haltestelle ändert und worauf Ihr Verhalten sonst hindeutet. Für sich allein sind diese Details bedeutungslos. In ihrer Gesamtheit lassen sie aber durchaus Schlüsse auf das zukünftige Verhalten anderer Personen zu.

Wenn wir uns darin üben, unser unterbewusstes Wissen für Vorhersagen über das Verhalten von Menschen zu nutzen, regen wir damit nicht nur die unbewusste Wissensverarbeitung in unserem Gehirn an, sondern lernen auch die Ergebnisse dieser Wissensverarbeitung wahrzunehmen. Wir wissen dann plötzlich Dinge, die sich uns durch intensives Nachdenken und logisches Folgern so nicht erschließen würden.

So trainieren wir unsere intuitive Intelligenz nicht nur für das Vorhersagen des Verhaltens anderer Menschen, sondern auch für viele andere Gebiete, wie z.B. der intuitiven Entscheidungsfindung.

Wichtig bei dieser Übung ist aber, dass Sie sich dabei wirklich auf Ihre Intuition verlassen und nicht versuchen ihre Vorhersagen durch logische Überlegungen zu treffen. Lassen Sie die Situation auf sich wirken und urteilen Sie intuitiv, ohne bewusst darüber nachzudenken.

Am Anfang ist Ihre Trefferquote bei dieser Übung vielleicht noch gering, aber mit zunehmender Übung werden Ihre Ergebnisse zunehmend besser. Außerdem kommt es bei der Übung nicht nur auf die reine Trefferquote an, sondern auch darauf, dass Sie lernen, die unendlichen Informationsmengen zu nutzen, die in Ihrem Unterbewusstsein schlummern. Das Tun an sich ist hier genauso wichtig, wie die Trefferquote selbst.

Intuitive Menschenkenntnis

Menschen zu bewerten oder gar zu durchschauen ist keine exakte Wissenschaft. Mit Logik und Verstand kommt man deshalb auf diesem Gebiet nicht sehr weit. Ob Sie jemandem vertrauen können oder nicht, wie eine Person unter Belastung reagiert und wie fleißig jemand ist, lässt sich mit den Mitteln des rationalen Verstandes kaum ergründen. Gute Menschenkenntnis hat wenig mit Logik und Berechnung zu tun, sondern beruht im Wesentlichen auf Intuition und Gefühl.

Auch hier ist es wieder die Summe der Informationen, die wir ständig unbewusst über unsere Mitmenschen aufnehmen und die von unserem Unterbewusstsein verarbeitet wird und die dann zu intuitivem Wissen führt. Ein Vorgang, den wir normalerweise überhaupt nicht wahrnehmen, der uns aber in die Lage versetzt, Dinge über andere Menschen zu wissen, über die wir bewusst nie nachgedacht haben. Dinge, die uns einfach bewusst werden, ohne dass wir sagen könnten, woher wir sie wissen.

Wer eine gute Menschenkenntnis besitzt, weiß einfach, wem er trauen kann, wie sich bestimmte Menschen in Extremsituationen verhalten werden oder wie zuverlässig jemand ist. Ein Großteil dieser Menschenkenntnis ist das Ergebnis der unbewussten Sammlung und Verarbeitung von Informationen durch unser Unterbewusstsein. Je mehr wir in der Lage sind, dieses Wissen anzuzapfen, desto mehr wissen wir über andere Menschen und desto treffsicherer werden unsere Einschätzungen fremder Personen ausfallen. Ähnlich, wie wir durch die Nutzung unserer intuitiven Intelligenz das zukünftige Verhalten von Personen voraussagen können, lassen sich auf diese Weise auch viele andere Aussagen über andere Menschen treffen.

Eine Möglichkeit diese Fähigkeit zu trainieren, besteht darin, spontan und ohne nachzudenken Aussagen über den Beruf, den Familienstand oder das Bildungsniveau einer fremden Person zu treffen. Auch hier wird Ihr Unterbewusstsein wieder auf den großen Schatz an Wissen zurückreifen, den es ständig und unbewusst zusammenträgt.

Wenn Sie das nächste Mal mit fremden Menschen bei einer Party, einem Kongress oder bei welcher Gelegenheit auch immer zusammentreffen, versuchen Sie intuitiv etwas über Ihr Gegenüber herauszufinden. Lassen Sie dazu die ganze Szene einfach auf sich wirken, ohne dass Sie dabei die Anwesenden streng rational analysieren oder logische Überlegungen über deren Beruf oder Familienstand anstellen. Geben Sie Ihrem Unterbewusstsein einfach die Gelegenheit, dass es Informationen sammelt, Eindrücke verarbeitet oder Gesehenes mit früheren Erinnerungen vergleicht. Nutzen Sie das Wissen und die Verarbeitungskapazitäten Ihres Unterbewusstseins, um intuitiv mehr über die Menschen zu wissen, denen Sie ständig begegnen.

Besonders interessant ist diese Übung natürlich in Situationen, in denen man sich nach einer gewissen Zeit vorstellt oder anderweitig kennen lernt. Dann bekommen wir das direkte Feedback darüber, wie dicht wir mit unserer intuitiven Einschätzung an der Wahrheit gelegen sind.

Nehmen Sie es nicht zu ernst, wenn Sie gerade am Anfang nicht immer richtig liegen. Niemand wird hier eine Trefferquote von 100 % erzielen. Außerdem machen wir ja derartige Übungen, um unsere Fähigkeiten auf diesem Gebiet zu verbessern.

Wie fühlt sich das an?

Intuitive Intelligenz drückt sich nicht immer durch klare Begriffe und Vorstellungen aus. Oft ist es nur eine Ahnung oder ein Gefühl, das sich in unserem bewussten Verstand breit macht und uns die Einschätzung unseres Unterbewusstseins mitteilt. Um diese Botschaften zu verstehen, müssen wir zunächst einmal zulassen, dass sie in unseren bewussten Verstand gelangen und von uns wahrgenommen werden. Diese Fähigkeit wollen wir in der folgenden Übung entwickeln bzw. trainieren. Ziel ist es dabei, uns bewusst zu machen, welche Gefühle in uns aufsteigen, wenn wir bestimmte Dinge, Menschen oder Szenen sehen.

Zur Durchführung dieser Übung können Sie sich natürlich in der realen Welt nach geeigneten Objekten umsehen. Sie können aber auch in einem Bildband oder in einer Illustrierten blättern oder einfach Suchbegriffe im Internet eingeben und nach geeigneten Bildern suchen.

Wie Sie auch immer zu Ihren persönlichen Betrachtungsobjekten kommen ist ganz egal. Lassen Sie den Gegenstand, die Szene oder die Abbildung eines Menschen einfach auf sich wirken und horchen Sie in sich hinein und versuchen Sie dabei zu fühlen, welche Empfindung oder welches Gefühl sich bei Ihnen einstellt.

Wenn Sie z.B. einen Berg aus massivem Granitgestein ausgewählt haben, so kann dieses Objekt bei unterschiedlichen Menschen ganz unterschiedliche Gefühle hervorrufen. Während der Berg auf den einen beruhigend wirkt oder ein Gefühl der Gelassenheit ausstrahlt, kann derselbe Berg auf einen anderen Menschen bedrohlich wirken. Er kann aber auch das Gefühl der Sehnsucht hervorrufen oder uns klein und unbedeutend erscheinen lassen.

Welche Gefühle auch immer bei dieser Übung aus unserem Unterbewusstsein aufsteigen, lassen Sie sie einfach zu. Denken Sie nicht zu viel darüber nach, was ein bestimmtes Gefühl im Zusammenhang mit einem bestimmten Objekt bedeuten kann, sondern öffnen Sie sich einfach den aufsteigenden Gefühlen und nehmen Sie sie bewusst wahr.

Es kommt hier nicht darauf an, unsere Gefühle zu interpretieren und irgendwelche Zusammenhänge zu konstruieren. Sondern nur darauf, unsere Gefühle aus den Tiefen unseres Geistes aufsteigen zu lassen und sie bewusst wahrzunehmen.

Diese Übung ist mit konkreten Objekten, die man in der Realität vor sich hat oder als Abbildung sieht, zwar leichter, wie wenn wir an diese Objekte nur denken, ist aber ohne konkret vor uns liegende Objekte genauso durchführbar. Dann heißt die Frage eben nicht, „was fühle ich, wenn ich dies oder jenes Objekt sehe?", sondern, „was fühle ich, wenn ich an ein bestimmtes Objekt denke?".

Der Übungseffekt ist prinzipiell der gleiche. Wir lernen unsere Gefühle in Bezug auf Dinge, Szenen und Ereignisse bewusst wahrzunehmen. Dadurch können wir die Sprache unseres Unterbewusstseins immer besser verstehen.

Wie fühle ich mich selbst?

Genauso wichtig, wie die Frage, wie sich ein Begriff oder eine Sache anfühlt, ist die Frage, wie wir uns selber fühlen. Sind wir gerade gut drauf, sind wir voller Energie oder ist unser Motivationslevel gerade nahe Null. Sind wir zornig, niedergeschlagen oder voller Euphorie. Sind wir gerade nervös und ängstlich oder voller Tatendrang und guter Laune. Ruhen wir in uns selbst oder fühlen wir uns getrieben und gestresst.

Wie die Antworten auf diese Fragen lauten, bestimmt nicht nur unsere aktuelle Stimmungslage, sondern beeinflusst auch in starken Maße, wie wir denken und entscheiden. Die Gedanken, die aus unserem Unterbewusstsein aufsteigen, sind keine reinen Fakten. Es sind immer Gedanken und Bilder, die eine emotionale Dimension haben und unsere Gefühlslage wiederspiegeln. Allein deshalb sollte man sich seiner eigenen Gefühlslage bewusst sein. Denn ein gutes Verständnis unserer eigenen Gefühlswelt erleichtert es, auftauchende Gedanken einzuordnen und zu nutzen.

Üben können wir das, indem wir uns ein ruhiges Plätzchen suchen, uns tief entspannen und uns selber die Frage stellen, wie wir uns gerade fühlen. Nehmen Sie sich dafür ruhig einige Minuten Zeit. Horchen Sie in sich hinein und fühlen Sie, welche emotionalen Signale aus Ihrem Unterbewusstsein kommen. Die Betonung liegt hier auf dem Wort „fühlen". Denn Gefühle kann man nicht hören oder sehen. Man kann sie auch nicht exakt mit Worten beschreiben. Man muss sie erfühlen.

Was immer Sie in dieser Übung wahrnehmen, beobachten Sie es und lassen Sie es wieder los. Bewahren Sie sich Ihre lockere, entspannte Haltung und fühlen Sie, was aus Ihrem Unterbewusstsein aufsteigt und sich in Ihrem Bewusstsein bemerkbar macht. Je mehr Sie Ihre eigenen Gefühle wahrnehmen können, desto besser funktioniert die Kommunikation mit Ihrem Unterbewusstsein und desto besser können Sie Gefühle in Ihren Bewertungen und Entscheidungen zu- und einordnen.

Das Wesen der Dinge erfassen

Bei oberflächlicher Betrachtung haben die meisten Dinge und Ereignisse eine klare, einfache und bekannte Bedeutung. Ein Stuhl ist eben ein Stuhl, ein Haus ein Haus und das Ausleeren der Mülltonne ist auf den ersten Blick eben auch nur das Ausleeren der

Mülltonne. Warum sollte man sich darüber auch mehr Gedanken machen. Schließlich ist eine derartig einfache Betrachtung völlig ausreichend, um ohne Probleme durch den Alltag zu kommen.

Wer sich aber um seine geistige Weiterentwicklung bemüht und seine intuitiven Fähigkeiten ausbauen will, sollte sich mit einer derartig oberflächlichen Betrachtung der Welt nicht zufrieden geben. In den meisten Dingen und Ereignissen stecken viel mehr Informationen und Bedeutungen, als diese auf den ersten Blick preisgeben. Sehen Sie sich doch den Stuhl, auf dem Sie sitzen, etwas intensiver an und lassen Sie ihn einfach auf sich wirken. Vielleicht kommt Ihnen dabei die Geschichte dieses Stuhles in den Kopf. Wie Sie einen passenden Stuhl gesucht haben, wie Sie ihn im Möbelgeschäft oder im Katalog gesehen haben, wie Sie ihn nach Hause transportiert und zusammengebaut haben oder wer schon alles auf diesem Stuhl gesessen hat. Schon nach einigen derartigen Reflexionen sehen Sie den Stuhl mit ganz anderen Augen. Aus einem einfachen und unpersönlichen Gebrauchsgegenstand ist plötzlich ein Wesen mit einer eigenen Geschichte geworden. Sie können bei solchen Betrachtungen aber noch viel weiter gehen. Je länger Sie eine Szene oder eine Sache auf sich wirken lassen, desto mehr Aspekte dieses Objektes wird Ihnen Ihr Unterbewusstsein offenbaren. Das kann im Falle unseres Stuhls die Farbe sein, mit der er bemalt ist, das Holz, aus dem er gefertigt wurde, oder die Form, die ihn von anderen Stühlen unterscheidet. Es kann aber auch sein, dass uns plötzlich bewusst wird, wie bequem oder unbequem dieser Stuhl ist, wie gut er sich in den Stil der gesamten Wohnungseinrichtung fügt oder wie er auf andere Menschen wirkt. Es kann sein, dass wir bei dieser Betrachtung die Bedeutung des Stuhles in unserem Leben erfahren, weil uns bewusst wird, was wir auf diesem Stuhl sitzend schon alles geschrieben haben, welche Gespräche wir hier geführt haben oder welche Gedanken uns auf diesem Stuhl in den Sinn gekommen sind. Manche Menschen mögen bei dieser Übung sogar empfinden, wie sich der Stuhl fühlen könnte oder welchen tieferen Sinn es hat, dass er hier bei uns auf diesem Platz steht.

Schon an diesem einfachen Beispiel wird deutlich, unter wie vielen verschieden Aspekten man selbst einen so einfachen Gegenstand, wie einen Stuhl betrachten kann und wie viel an Bedeutung in ihm steckt. Das gleiche können wir mit jedem Alltagsgegenstand tun, aber auch mit jeder Szene, die wir beobachten. Immer werden wir dabei feststellen, was uns bei der üblichen oberflächlichen Betrachtung alles entgeht und was uns unser Unterbewusstsein hier alles an zusätzlicher Erkenntnis bieten kann.

Man muss sich nur die Zeit nehmen, um immer wieder einmal in sich hinein zu lauschen, was uns alles zu einem bestimmten Objekt oder zu einer zufälligen Beobachtung einfällt und welchen tieferen Sinn wir darin erkennen. Dies schult nicht nur unsere Fähigkeit intuitiv zu denken, sondern gibt uns auch einen viel klareren Blick auf die Welt und ein tieferes Verständnis von den Vorgängen rund um uns herum.

Eine Frage des Geschmacks

Immer, wenn es darum geht, ob uns etwas gefällt, ob wir etwas schön finden oder ob wir etwas mögen, hilft uns der rationale Verstand nicht viel weiter. Fragen des persönlichen Geschmackes und der persönlichen Präferenz, lassen sich nicht durch logisches Denken beantworten. Was wir als schön und ansprechend empfinden, wird durch unser Unterbewusstsein entschieden. Dort befinden sich eine große Zahl von Prägungen und Festlegungen, die wir im Laufe unseres Lebens erfahren haben. Da diese Prägungen und Festlegungen sich genauso, wie unsere Gefühle und Emotionen, auf alle Entscheidungen, die wir treffen, auswirken, sind Sie ein wesentliches Element unseres intuitiven Entscheidungsverhaltens und unserer Sicht der Welt.

Allein deshalb ist es schon wert, sich damit etwas näher auseinanderzusetzen. Denn je sensibler wir in Bezug auf unsere Vorlieben und geschmacklichen Ausrichtungen sind, desto mehr werden sie in unsere Entscheidungen einfließen und desto mehr werden wir mit den Resultaten unserer Entscheidungen zufrieden sein.

Die Übung dazu besteht darin, dass Sie sich eine größere Zahl von Häusern, Autos, Möbelstücken, Bildern oder sonstigen Gegenständen ansehen und dann spontan entscheiden, welches Haus, welches Auto, welches Bild oder welches Möbelstück Ihnen am besten gefällt. Denken Sie dabei nicht nach, ob das betreffende Objekt nach rationalen Kriterien, wie Lage, Preis oder Größe für Sie in Frage käme, sondern gehen Sie ausschließlich danach, ob es Sie anspricht, ob es Ihnen gefällt oder ob Sie sich darin verlieben könnten. Bewerten Sie die betrachteten Objekte nicht nach rationalen Gesichtspunkten, sondern nur nach Ihrem Geschmack. Aber tun Sie es vor allem spontan und ohne zu lange nachzudenken.

Zur praktischen Ausführung dieser Übung ist es am einfachsten, eine der üblichen Suchmaschinen zu benutzen und Begriffe wie, Pkw, Traumhaus oder Ledersofa einzugeben. So generieren Sie ganze Seiten von ähnlichen Objekten. Sie müssen dann nur noch wählen, welches Ihnen am besten gefällt. Überfliegen Sie dazu eine Seite mit angezeigten Objekten, lassen sie diese kurz auf sich wirken und entscheiden Sie dann spontan, welches Ihnen am besten gefällt. Wenn Sie dies nicht nur am Bildschirm machen, sondern sich die Seite ausdrucken, können Sie Ihre Wahl auch mit einem Stift markieren.

Statt einer Suchmaschine können Sie auch Portale für Immobilien oder Autos verwenden oder den Katalog eines Möbelversandhauses oder von einer Kunstausstellung. Wichtig ist nur, dass Sie sich bei dieser Übung ausschließlich auf Ihren ästhetischen Geschmack abstützen und alle rationalen Überlegungen außen vor lassen. Das macht Ihnen bewusst, was Sie an einem Haus, einem Kleidungsstück oder Auto wirklich anspricht. Dadurch wird es Ihnen leichter fallen, bei realen Entscheidungen, die ästhetischen Aspekte von den rein rationalen Argumenten zu trennen und beide Seiten angemessen zu berücksichtigen.

Spontan entscheiden

Es vergeht kein Tag an dem wir nicht eine Vielzahl von wichtigen oder weniger wichtigen Entscheidungen treffen. Selbst wenn wir wollten, könnten wir nicht bei all diesen Entscheidungen eine umfangreiche Analyse der Fakten anstellen und alle verfügbaren Argumente sorgsam abwägen. Trotzdem machen wir uns das Leben oft schwer und zerbrechen uns den Kopf darüber, was wir heute Abend essen werden, was wir morgens anziehen wollen oder ob wir das rote Paar Schuhe wirklich kaufen sollen. Manchmal wird dann die Wahl zwischen den 120 Marmeladensorten im Supermarkt oder dem richtigen Urlaubsort zur echten Hängepartie. Dabei kann man die meisten Entscheidungen sowieso nicht absolut rational und logisch treffen, denn viele Entscheidungen haben eine emotionale oder geschmackliche Dimension, die sich streng logisch nicht erklären lässt. Der persönliche Geschmack, irrationale Vorlieben, Zufälle oder frühere Erfahrungen spielen in solchen Fällen oft eine viel größere Rolle, als die paar harten Fakten, die wir kennen oder zu kennen glauben. Gerade hier ist unser Unterbewusstsein viel kompetenter, als unser bewusster Verstand. Also überlassen wir ihm doch die Entscheidung, was wir heute Abend essen wollen, welche Marmelade auf dem Frühstückstisch landet oder ob wir die roten Schuhe wirklich kaufen wollen.

Natürlich gibt es Entscheidungen, die man gründlich abwägen oder sogar mit spitzem Bleistift durchrechnen sollte. Aber die meisten Entscheidungen werden nicht besser, wenn man die wenigen Fakten, die man kennt, immer wieder von links nach rechts und zurück wendet. Alles was Sie wissen müssen, um zu entscheiden, was Sie heute Abend essen wollen oder welche Marmelade Sie aus dem Regal nehmen sollen, weiß Ihr Unterbewusstsein bereits jetzt. Längeres Nachdenken bringt hier keine besseren Ergebnisse.

Nutzen Sie diesen Umstand für eine kleine Übung und entscheiden Sie heute all diese trivialen Dinge und Bagatellfälle ohne zu zögern und ganz spontan. Denken Sie nicht groß darüber nach, auf welcher Straßenseite Sie heute zur Arbeit gehen, welche Schokoladensorte Sie kaufen oder ob Sie lieber den gelben oder den blauen Pullover anziehen sollen. Stellen Sie sich kurz die Frage und entscheiden Sie so, wie es Ihnen der erste Gedanke vorschlägt, der ihren bewussten Verstand erreicht. Zaudern und zweifeln Sie dann nicht, sondern folgen Sie dem ersten Gedanken.

Tun Sie dies nicht nur einen Tag lang, sondern tun Sie es immer wieder. Tun Sie es, wenn Sie sich entscheiden müssen, an welcher Schlange Sie sich vor der Kasse im Supermarkt anstellen und tun Sie es, wenn Sie ratlos vor dem Kühlregal mit den dutzenden Joghurts, Quarks und Desserts stehen. Tun Sie es bei der Frage, mit welchem Vorgang Sie heute Ihren Arbeitsalltag beginnen oder wenn Sie abends zwischen dreißig Fernsehkanälen wählen müssen. Hauptsache Sie tun es spontan, ohne lange Zweifel und in Umsetzung des ersten Gedankens, der Ihnen zur gestellten Frage in den Sinn kommt.

Lernen Sie den ersten Gedanken wahrzunehmen, den Ihnen Ihr Unterbewusstsein zu einer gestellten Frage anbietet. Denn dieser Gedanke ist garantiert eine Äußerung Ihrer intuitiven Intelligenz. Alles was danach durch Ihren Kopf schießt, stammt zum großen Teil von Ihrem bewussten Verstand.

Wenn Sie Ihre intuitive Intelligenz schulen wollen, müssen Sie lernen, diese ersten Gedanken wahrzunehmen.

Mut zu Veränderungen

Viele Dinge tun wir jeden Tag in der gleichen Weise, ohne dass wir wissen, warum wir sie genauso tun und ohne darüber nachzudenken, ob man sie nicht auch ganz anders tun könnte. Aber es ist eben viel bequemer, eingefahrene Routinen nicht zu durchbrechen und alle Dinge dort zu belassen, wo sie seit Jahren liegen oder stehen.

Wenn wir aber solche Routinen bewusst durchbrechen, Dinge einmal anders tun, als wir es gewohnt sind und Gegenstände einmal an einen anderen Platz stellen oder sich von ihnen trennen, lockert das unser Leben nicht nur auf, sondern fördert auch unsere innere Freiheit und unsere geistige Flexibilität.

Das Durchbrechen dieser Routinen können wir auch nutzen, um uns für die inneren Botschaften zu sensibilisieren und unsere intuitive Intelligenz zu schulen.

Nehmen Sie sich vor, ab jetzt jeden Tag ein oder zwei Kleinigkeiten in Ihrem Leben zu ändern. Ändern Sie einfach einmal Ihren Weg zur Arbeit, arrangieren Sie im Haus einige Möbel oder Deko-Gegenstände um oder tun Sie Dinge, die Sie bisher in einer bestimmten Reihenfolge getan haben, einmal in einer anderen Sequenz.

Die Möglichkeiten im Leben eingefahrene Gleise zu verlassen und Kleinigkeiten zu verändern, sind nahezu unbegrenzt. Beginnen Sie jeden Tag einmal kurz darüber nachzudenken, was Sie heute ändern können und tun Sie es. Wichtig ist nur, dass sie bewusst nur kurz darüber nachdenken, um dann schnell und spontan zu entscheiden. Denken Sie nicht lange darüber nach, ob Sie heute den

Weg entlang der Schrebergärten zur Arbeit nehmen sollen oder lieber durch die Unterführung gehen, sondern folgen Sie der ersten Eingebung, die Ihnen bewusst wird.

Ganz gleich ob es sich dabei um den Weg zur Arbeit, der Ordnung der Utensilien auf dem Schreibtisch oder Ihren Tagesablauf handelt, nutzen Sie all diese weniger wichtigen Angelegenheiten, um sich darin zu üben, spontan und intuitiv zu entscheiden. Denken Sie nur kurz darüber nach, was Sie heute ändern wollen und entscheiden Sie dann spontan, ohne groß das Für und Wider gegeneinander abzuwägen.

Wenn Sie diese Übung eine Zeitlang praktiziert haben, werden Sie sich nicht nur viel freier und selbstbestimmter fühlen, sondern auch viel Routine und Erfahrung im intuitiven Entscheiden gesammelt haben. Dann können Sie sich guten Gewissens auch an wichtigere Dinge wagen, um sie mit Intuition und innerer Weisheit zu entscheiden.

Lassen Sie Ihr Unterbewusstsein für sich arbeiten

Die innere Uhr

Der Mensch verfügt über eine biologische Uhr, die viele Prozesse in unserem Körper unterbewusst steuert und sogar relativ genau geht. Allerdings läuft diese Uhr in unserem Unterbewusstsein, ohne dass wir darauf mit unserem wachen Verstand einen direkten Zugriff hätten. Unser Unterbewusstsein kann aber auf diese innere Uhr zurückgreifen, wie sich in vielen Versuchen gezeigt hat. So gibt es zahlreiche Experimente, in denen die Teilnehmer genau zu der Zeit aufgewacht sind, zu der sie sich vorgenommen haben aufzuwachen.

Diesen Effekt können wir nutzen, um den Zugriff auf unser Unterbewusstsein zu verbessern. Dazu müssen wir unserem Unterbewusstsein nur deutlich mitteilen, zu welcher Zeit wir am nächsten Tag aufwachen wollen und unser Unterbewusstsein wird es umsetzen und uns genau zu diesem Zeitpunkt wecken. Sprechen Sie dazu freundlich aber bestimmt zu Ihrem Unterbewusstsein. Teilen Sie ihm mit, warum Sie aufwachen wollen und machen Sie Ihrem Unterbewusstsein klar, dass Sie sich auf ihre innere Uhr verlassen. Bewährt hat sich hier auch die bildhafte Vorstellung der Weckzeit, in dem Sie sich die Stellung der Zeiger einer Uhr möglichst plastisch vorstellen. In Ihrer Vorstellung sollten diese Zeiger genau auf der Zeit stehen, zu der Sie aufwachen möchten.

Bei den meisten Menschen funktioniert das schon beim ersten Mal oder nach einigen wenigen Versuchen recht gut. Andere müssen etwas üben. Aber lernen kann es jeder. Je mehr Vertrauen Sie zu Ihrem inneren Wecker gewonnen haben, desto mehr können Sie in Zukunft auf einen mechanischen Wecker verzichten. Es gibt auch Menschen, die überhaupt keinen Wecker mehr besitzen, da sie sich voll auf ihren inneren Wecker verlassen können.

Statt sich nur auf die Zeit zum Aufstehen zu konzentrieren, können Sie Ihre innere Uhr auch den ganzen Tag über nutzen. Leben Sie einfach einmal ohne Armbanduhr und ohne ständigen Blick auf das Handy. Schätzen Sie einfach wie spät es gerade ist. Tun Sie dies aber nicht, indem Sie nachrechnen, wie viel Zeit seit dem letzten Blick zur Uhr vergangen sein könnte, sondern schätzen Sie einfach spontan, wie spät es gerade ist.

Wenn Ihr Unterbewusstsein Sie zu einer bestimmten Zeit wecken kann, dann weiß es auch zu jedem anderen Zeitpunkt, wie spät es ist. Die Schwierigkeit besteht nur darin, diese Information in unseren bewussten Verstand zu bekommen.

Aber gerade darum geht es bei dieser Art von Übungen. Wir entwickeln dabei die Fähigkeit, gezielt auf das Wissen unseres Unterbewusstseins zuzugreifen. Eine Fähigkeit, die immer dann eine Rolle spielt, wenn wir unsere intuitive Intelligenz oder unser Bauchgefühl nutzen.

Je besser wir lernen, unsere innere Uhr wahrzunehmen, desto besser werden wir auch in der Lage sein, andere Botschaften aus dem Unterbewusstsein wahrzunehmen und zu verstehen.

Fragen an das Unterbewusstsein

Die im letzten Kapitel beschriebene Übung hat den Vorteil, dass sie relativ einfach auszuführen ist und dass sie bei den meisten Menschen relativ schnell greifbare Ergebnisse zeigt. Sie umfasst aber nur einen sehr kleinen Ausschnitt des Repertoires unserer Intuition. Mit der folgenden Übung sprechen wir das Spektrum unserer intuitiven Intelligenz in seiner ganzen Breite an. Dazu stellen wir dem Unterbewusstsein Fragen, mit denen wir die unterbewusste Informationsverarbeitung anregen und steuern können.

Als Fragen können Sie zunächst einmal die folgenden Beispiele verwenden:

- Was ist mir im Leben wichtig?
- Wovor habe ich Angst?
- Worauf kann ich stolz sein?
- Auf welchem Gebiet kann ich besser werden?
- Wofür lohnt es sich, sich einzusetzen?
- Wofür bin ich dankbar?
- Was macht mich zufrieden?

Wenn Sie mit den einfachen Fragen etwas Erfahrung gesammelt haben, können Sie auch zu etwas differenzierteren oder offeneren Fragen übergehen, wie z.B.:

- Wo finde ich Lösungen für mein Problem?
- Wer hilft mir auf meinem Weg?
- Wo liegen meine Chancen?
- Wem kann ich vertrauen?

- Was kann ich tun, um meine Leistungen zu steigern?
- Was kann ich tun, um mich besser zu verwirklichen?
- Welcher Mensch ist mir besonders zugeneigt?

Die aufgelisteten Fragen sind natürlich nur ein Anhalt und ein Vorschlag für den Beginn. Sie können sich auch eigene Fragen ausdenken, die Themen betreffen, die Sie persönlich gerade interessieren oder betreffen.

Zur Ausführung der Übung setzen Sie sich am besten bequem an einen Tisch und legen Sie sowohl die Liste Ihrer Fragen, als auch Schreibsachen bereit. Entspannen Sie sich und fangen Sie an, sich selber diese Fragen zu stellen. Tun Sie es völlig absichtslos, entspannt und in aller Ruhe. Lassen Sie die Fragen einen Augenblick auf sich wirken und schreiben die erste Antwort auf, die Ihnen zu einer bestimmten Frage bewusst wird. Legen Sie dann den Zettel mit den Antworten erst einmal zu Seite und machen Sie die Übung nach einigen Stunden nochmal. Aber natürlich mit einem leeren Blatt Papier und ohne darüber nachzudenken, wie Ihr Unterbewusstsein beim ersten Durchgang geantwortet hat. Vergleichen Sie dann Ihre Antworten.

Sie werden dabei sehen, dass einige Antworten auch nach einiger Zeit immer gleich ausfallen, andere sich aber mit der Zeit ändern. Das ist ganz normal und zeigt nur, dass Ihr Unterbewusstsein ständig an diesen Fragestellungen arbeitet.

Vergessen Sie nicht, die gefundenen Antworten aufzuschreiben und heben Sie Ihre Aufzeichnungen auf. Wir brauchen sie noch für die nächste Übung.

Visualisieren der Antworten

Wenn Sie die vorherige Übung ausgeführt haben, müssten Sie jetzt einige Aufzeichnungen der Antworten Ihres Unterbewusstseins, auf die von Ihnen gestellten Fragen, besitzen. Nehmen Sie diese Aufzeichnungen zur Hand und wählen Sie eine der Antworten aus. Diese Antwort bewegen Sie jetzt in Ihrem Geist ein wenig hin und her und versuchen dann, sich die Antwort bildlich vorzustellen.

Machen Sie das nicht zu verkrampft, sondern warten Sie einfach, welche Bilder Ihnen dazu in den Sinn kommen. Hören Sie nicht zu schnell auf, sondern denken Sie immer wieder die Begriffe der Antworten und lassen Sie das Erscheinen der Bilder zu. Wenn Sie das einige Zeit gemacht haben, schreiben Sie auf, was Sie gesehen haben. Dann wählen Sie eine neue Antwort und wiederholen den Vorgang mit den neuen Begriffen.

Reflektieren Sie, was die Bilder Ihnen sagen wollen und in welcher Beziehung sie zu den Antworten stehen, die Sie zuerst auf die Fragen bekommen haben. Versuchen Sie dabei die größeren Zusammenhänge zu erfassen und zu verstehen, was Ihnen Ihr Unterbewusstsein mitteilen will.

Aufträge an das Unterbewusstsein

Statt Ihrem Unterbewusstsein nur allgemeine Fragen zu stellen, können Sie ihm auch richtige Aufträge erteilen. Das können z.B. konkrete Fragen sein, wie nach dem Ort eines verlorenen Gegenstandes oder der Formulierung für den Anfang eines Textes. Sprechen Sie dazu Ihr Unterbewusstsein gezielt an und geben Sie ihm den Auftrag, sich zu erinnern, wo der gesuchte Gegenstand liegt oder nach einer guten Formulierung für den Anfang Ihres Textes zu suchen. Lassen Sie dann Ihr Unterbewusstsein daran arbeiten und wiederholen Sie gegebenenfalls von Zeit zu Zeit den Auftrag.

Bei den ersten Versuchen mit solchen Fragen werden Sie feststellen, dass die Antworten nicht immer leicht zu verstehen sind und es auch oft einige Zeit dauert, bis sie klare Antworten erhalten. Mit der Zeit werden Sie aber feststellen, dass die Antworten schneller kommen und auch besser verständlich sind. Ihre intuitive Intelligenz wächst mit der Routine, die sich in der Zusammenarbeit zwischen Bewusstsein und Unterbewusstsein entwickelt.

Außer zur Beantwortung von Fragen, können Sie Ihr Unterbewusstsein auch zur Lösung von Problemen nutzen. Denken Sie dazu einige Zeit bewusst über Probleme nach, die Sie gerade bewegen, und übergeben Sie das Problem dann an Ihr Unterbewusstsein. Tun Sie das mit dem klaren Auftrag an Ihr Unterbewusstsein daran zu arbeiten und Lösungen zu finden.

Füttern Sie Ihr Unterbewusstsein regelmäßig mit Informationen

Unsere intuitive Intelligenz lebt von den Informationen, die in unserem Unterbewusstsein gespeichert sind und dort verarbeitet werden.

Ohne dass wir es bemerken, nimmt unser Unterbewusstsein dazu ständig neue Informationen auf, speichert diese und verarbeitet sie, ohne dass uns dieser Vorgang bewusst wird.

Zusätzlich können wir unser Unterbewusstsein aber auch gezielt mit Informationen füttern, um den Fundus an Wissen zu erweitern, auf den das Unterbewusstsein zurückgreifen kann.

Zu diesem Zweck sollten wir uns immer wieder mit Thematiken beschäftigen, die nichts mit unserem Beruf oder mit unserer unmittelbaren Lebenssituation zu tun haben. Denn über unseren Beruf, über unseren Heimatort oder unsere Hobbies haben wir schon genug Informationen vorrätig. Ein Mehr davon macht uns vielleicht zum Spezialisten auf einem eng umrissenen Gebiet, bildet aber keine Basis, um originelle und kreative Lösungen für Probleme und Fragestellungen zu finden. Wenn wir uns aber immer wieder mit Themen auseinandersetzen, mit denen wir uns noch nie oder höchstens ganz selten beschäftigt haben, geben wir unserem Unterbewusstsein viel mehr Spielmasse, um originelle Lösungen für unsere Fragen und Problemstellungen zu liefern.

Lesen Sie doch einmal einen Artikel über die Organisation im Bienenstaat oder über die Erlebnisse beim Tiefseetauchen. Sehen Sie sich einen Beitrag über die Bewässerungstechnik der Inkas im Fernsehen an, über die Geschichte des Pfeifenrauchens oder über die Benutzung von Kosmetika im alten Rom. Suchen Sie im Internet doch einfach einmal, was Sie dort zur Geschichte der Religionen, zur Herstellung von Stahl oder zur Farbenlehre von Goethe finden. Wählen Sie ruhig Gebiete, die Ihnen auf den ersten Blick exotisch oder nutzlos erscheinen. Gerade das Wissen über solche Themengebiete bereichert Ihren Erfahrungsschatz und hilft Ihnen, bei der Lösungssuche neue Wege zu gehen. Ihr Unterbewusstsein lechzt gerade nach solchen Impulsen, die nicht in Ihre bekannten Schemen passen. So schaffen Sie das Informationsrepertoire aus dem Ihr Unterbewusstsein schöpfen kann, um neue Lösungen zu generieren und kreative Ideen zu entwickeln.

Gezielte Arbeit des Unterbewusstseins

Durch die bewusste Fütterung Ihres Unterbewusstseins mit Informationen nehmen Sie bereits einen gewissen Einfluss darauf, mit was Ihr Unterbewusstsein sich beschäftigt. Sie können hier aber auch viel weiter gehen und die Richtung bestimmen, in die sich die Informationsverarbeitung im Unterbewusstsein orientieren soll.

Wenn Sie sich immer wieder einmal mit Themen beschäftigen, die nicht direkt in Ihrem Interessenbereich liegen, dann können Sie diese Themen auch bewusst aufgreifen und sie gezielt mit Ihrem Alltagsleben in Verbindung bringen.

Haben Sie z.B. in letzter Zeit etwas über Korallenriffe, Raketenmotoren oder die Steinzeit gelesen, dann bringen Sie doch einmal die Bilder, die Sie dazu im Kopf haben, mit den Fragestellungen, die Sie gerade bewegen, zusammen.

Kombinieren Sie einfach einmal in Ihrer Fantasie Ihr Wissen über Raketenmotoren oder die Steinzeit mit der Gestaltung Ihres Gartens und lassen Sie Ihr Unterbewusstsein daran arbeiten. Sie werden erstaunt sein, was Ihr Unterbewusstsein damit macht und welche neuen Ideen es produziert. Gerade weil diese Themen nichts mit der eigentlichen Fragestellung zu tun haben, ergibt sich daraus ein Spannungsverhältnis, dass wie ein Dünger für Ihre Kreativität wirkt.

Je exotischer die Themen sind, mit denen Sie sich beschäftigen und die Sie mit Ihren aktuellen Fragen und Problemen kombinieren, desto kreativer und origineller werden die Antworten sein, die Ihr Unterbewusstsein liefert.

Bewusstes träumen

Träume werden oft als Schlüssel zu unserem Unterbewusstsein bezeichnet. Daher faszinierte die Menschen die Deutung von Träumen schon seit je her. Magische und mystische Ansätze der Antike und des Mittelalters wurden aber mit der Zeit mehr und mehr durch wissenschaftliche Theorien ersetzt. Eine Art Höhepunkt erfuhr die Traumdeutung im 19. Und 20. Jahrhundert durch die neuen Wissenschaften der Psychologie und Psychoanalyse. So bezeichnete Sigmund Freud, einer der Väter der Psychoanalyse und der Psychotherapie, das Traumgeschehen als wichtige Informationsquelle über unsere unbewussten Erlebensweisen. Und C.G. Jung, ein anderer Pionier der Psychoanalyse, sah den Traum als deutlich werdende Darstellung unserer inneren Wirklichkeit. Andere Autoren sahen in der Traumdeutung einen Zugang zu verborgenen Welten oder schrieben den Träumen eine symbolhafte Bedeutung bei der Verarbeitung unserer Erlebnisse zu. Und auch heute noch ist die moderne Forschung sehr uneinig darüber, was Träume überhaupt sind und wie man sie deuten kann.

Einigkeit besteht allerdings darüber, dass Träume Äußerungen unseres Unterbewusstseins sind. Denn das Bewusstsein oder der wache Verstand kommen als Verursacher von Träumen während des Schlafes ja sicher nicht in Frage.

Durch diese Beziehung der Träume zum Unterbewusstsein erlangen sie aber gerade im Zusammenhang mit der intuitiven Intelligenz erhebliche Bedeutung. Denn auf diesem Gebiet ist jede Äußerung des Unterbewusstseins von Interesse, die uns Einblicke in die Arbeit unserer tieferen Bewusstseinsebenen gewährt.

Träumen ist aber keine Einbahnstraße, die uns nur zusehen lässt, was unser Unterbewusstsein gerade bewegt. Ebenso, wie wir unserem Unterbewusstsein den Auftrag geben können, uns zu einer bestimmten Zeit zu wecken, können wir auch die Inhalte unserer Träume beeinflussen und unsere Träume bewusst erleben.

Dieses bewusste Träumen können Sie anregen, indem Sie vor dem Einschlafen eine Frage, ein Problem oder einen starken Gedanken einige Augenblicke intensiv in Ihrem Geist bewegen und die Frage oder den Gedanken bewusst mit in den Schlaf nehmen. Unterstreichen können Sie das noch, indem Sie die Frage oder den Gedanken zu Papier bringen. Nehmen Sie sich dann intensiv vor, heute Nacht davon zu träumen. Der Gegenstand von dem Sie träumen wollen, sollte bei den letzten Gedanken sein, die Sie vor dem Einschlafen in Ihrem Kopf bewegen. Nehmen Sie dann die Frage oder den Gedanken mit in den Schlaf und lassen Sie Ihr Unterbewusstsein daran arbeiten.

Da Träume sehr flüchtig sind und wir sie viel schneller vergessen als reale Erlebnisse, sollten Sie Ihre Träume sofort nach dem Aufwachen als Text oder Skizze konservieren. Legen Sie sich dazu schon vor dem Einschlafen Stift und Papier in Reichweite, damit Sie Ihre Träume gleich nach dem Aufwachen festhalten können.

Die Aufzeichnungen nehmen Sie dann immer wieder einmal zur Hand und vergleichen Sie dann mit anderen intuitiven Eindrücken, die Sie im Laufe dieser Übungen gesammelt haben. Vielleicht zeigen sich dabei Parallelen oder Widersprüche oder vielleicht gibt es auch Hinweise auf Problemlösungen oder offene Fragen, die sie gerade bewegen. Auf jeden Fall sollten Sie die Inhalte ihrer Träume über einige Zeit beobachten und sich immer wieder die Frage stellen, ob Sie darin irgendwelche Botschaften oder Hinweise erkennen können.

Mentales Training

Affirmationen

Die bisherigen Übungen zielten vor allem darauf ab, unsere intuitive Intelligenz mit Aufgaben und Übungen direkt zu trainieren. Es gibt aber auch andere, mehr indirekte Methoden, um die Entwicklung der intuitiven Intelligenz zu fördern. So kann man z.B. durch die Verwendung von Affirmationen unsere Fähigkeit zum intuitiven Denken anregen und verbessern.

Bei diesem Vorgehen werden kurze Sätze, sogenannte Affirmationen, immer wieder laut oder leise gesprochen, bis sie sich in unserem Unterbewusstsein festsetzen und dort die beabsichtigte Wirkung erzielen. Bevor Sie dazu eigene Sätze formulieren, sollten Sie sich aber erst bewusst werden, welche Bereiche Ihrer intuitiven Intelligenz Sie ansprechen und fördern wollen. Das können im Einzelnen sein:

- Die unbewusste Aufnahme und Speicherung von Informationen,
- die unterbewusste Verarbeitung von Informationen,
- die Wahrnehmung von Botschaften aus dem Unterbewusstsein.

Alle drei Anteile ihrer intuitiven Intelligenz lassen sich durch entsprechende Affirmationen stärken.

Dazu können Sie folgende Formulierungen benutzen:

- Wertvolle Informationen fliegen mir von allen Seiten zu. Mein Unterbewusstsein speichert und verwaltet sie.
- Alles Wissen dieser Welt steht mir zur Verfügung.
- Ich besitze einen unendlichen Schatz an Informationen und ich nutze ihn immer mehr.
- Mein Unterbewusstsein arbeitet immer an der Lösung meiner Probleme und Fragen.
- Die Weisheit meines Unterbewusstseins kann ich immer nutzen.
- Die Botschaften aus meinem Unterbewusstsein empfange ich klar und deutlich.
- Meine intuitive Wahrnehmung wird jeden Tag stärker und stärker.
- Auf meine Intuition kann ich mich mehr und mehr verlassen.

Wenn Sie mit diesen Beispielsätzen praktisch arbeiten wollen, wählen Sie einen ruhigen Augenblick, legen oder setzen Sie sich hin und versuchen Sie sich so tief es geht zu entspannen. Nutzen Sie dazu die im ersten Teil beschriebenen oder Ihre eigenen Entspannungsmethoden.

Wenn Sie zur Ruhe gekommen sind und sich Ihr Körper und Geist ganz entspannt hat, wiederholen Sie eine der oben aufgelisteten Sätze mehrere Male. Je öfter, desto besser. Sprechen oder denken Sie die Sätze mit voller Überzeugung und Konzentration. Geben Sie den Sätzen durch die Art, wie Sie sie denken oder sprechen, Gewicht und Bedeutung.

Wenn Sie die Wiederholungen Ihrer Affirmation beendet haben, geben Sie sich dem Gefühl der Entspannung noch einige Augenblicke hin, holen dann tief Luft und kehren schließlich langsam in das Alltagsleben zurück.

Sollten Sie statt der oben angegeben Affirmationen lieber eigene Formulierungen verwenden, sollten Sie beim Formulieren folgende Grundsätze beachten:

- Die Formulierungen müssen eindeutig und verständlich sein.
- Die Affirmation muss sich auf uns selbst beziehen (nicht auf „man" oder die gesamte Welt).
- Affirmationen immer positiv formulieren.
- Keine langen Sätze.
- Höchstens zwei kurze Sätze. Nicht mehr.
- Gegenwartsform benutzen.
- Nur Texte benutzen, von denen Sie selbst überzeugt sind.

Machen Sie diese Übung einige Tage hintereinander und lassen Sie dann die Affirmationen wirken. Sie bereiten dadurch in Ihrem Geist eine mentale Atmosphäre, in der die aktiven Übungen der direkten Methode ihre volle Wirkung entfalten können.

Visuelle Affirmationen

Statt mit verbal formulierten Affirmationen, können Sie auch mit bildhaften Vorstellungen arbeiten, um Ihre intuitiven Fähigkeiten zu stimulieren. Setzen Sie sich dazu bequem hin, kommen Sie zur Ruhe und stellen Sie sich dann möglichst plastisch vor, wie Ihre Intuition arbeitet.

Stellen Sie sich vor, dass Sie in einem Meer von Informationen leben, welches Sie völlig umgibt, und das unendlich groß ist. Fühlen Sie, wie ein Strom von Informationen ständig in Ihr Unterbewusstsein fließt und dort gespeichert wird. Stellen Sie sich die vielen Informationen als einen Schatz vor, der Ihnen für all Ihre Probleme und Fragen zur Verfügung steht. Sehen Sie vor Ihrem geistigen Auge, wie das Unterbewusstsein die Informationen katalogisiert und ablegt. Wie es Schätze von unsagbarem Wert anhäuft und für Sie verfügbar macht.

Stellen Sie sich als nächstes vor, wie das Unterbewusstsein mit den Informationen arbeitet, wie es sie kombiniert und mit anderen Informationen verknüpft. Visualisieren Sie dabei, wie aus einfachen Informationen neue intellektuelle Konstrukte oder Kunstwerke entstehen. Sehen Sie vor Ihrem inneren Auge wie Informationen und Fragen zu Antworten und Lösungen verarbeitet werden. Stellen Sie sich dazu einen Webstuhl, eine Rechenmaschine, einen Computer oder welche Maschine auch immer vor.

Als nächstes sehen Sie, wie sich die Fragmente und Teilstücke von Problemlösungen zu Antworten und Erkenntnissen zusammenfügen. Diese steigen dann aus dem Unterbewusstsein auf und gelangen in unseren bewussten Verstand. Dort werden sie sichtbar und strahlen in leuchtenden Farben. Wir nehmen sie dankbar auf und setzen sie in die Tat um.

Beenden Sie die Übung immer damit, dass Sie sich von Ihren inneren Bildern lösen und sich einige Augenblicke der Stille und Entspannung hingeben.

Die Übung erfordert natürlich viel Fantasie, da man sich dabei abstrakte Dinge, wie das Unterbewusstsein oder Informationen bildhaft vorstellen muss. Das fällt nicht jedem leicht und sieht im Ergebnis auch bei jedem Menschen anders aus. Versuchen Sie es aber trotzdem. Denn gerade diese visuelle Gedankenarbeit regt unser Gehirn an, sich mit dem Phänomen der Intuition aktiv auseinanderzusetzen.

Allein die Art, wie Sie sich abstrakte Inhalte, wie die Speicherung von Informationen bildlich vorstellen, wird Ihre Fantasie anregen und Ihnen einen viel persönlicheren Zugang zu dem Thema Intuition geben.

Meditative Anregung der Intuition

Nehmen Sie für diese Übung wieder eine bequeme Haltung ein, schließen Sie die Augen und konzentrieren Sie sich auf ein Bild, das Aspekte der Intuition symbolisiert oder für Sie persönlich eine enge Beziehung zu diesem Thema hat. Visualisieren Sie dieses Bild vor Ihrem geistigen Auge, halten Sie Ihre Konzentration auf dem Bild und lassen Sie es auf sich wirken. Wenn es vor Ihrem inneren Auge verblasst, lassen Sie es gehen und visualisieren sie es erneut. Betrachten Sie das Bild ohne Absicht und tiefschürfende Gedanken. Lassen Sie es einfach auf sich wirken.

Als Bild für so eine Meditation eignet sich z.B. das Aufsteigen von Gasblasen aus einem Sumpf. So wie diese Blasen aus dem geheimnisvollen Sumpf aufsteigen und sich mit der Atmosphäre vereinigen, so steigen auch Ihre intuitiven Gedanken aus dem Unterbewusstsein auf und verbinden sich mit den Gedanken Ihres wachen Verstands. Zeichnen Sie vor Ihrem geistigen Auge ein Bild, in dem die Gasblasen sich in den unergründlichen Tiefen des Sumpfes bilden, langsam aufsteigen und dann an die glitzernde Oberfläche treten. Dort lösen sie sich aus dem Sumpf und gehen in der Atmosphäre auf.

Ohne dass Sie groß darüber nachdenken, wird Ihr Geist durch solche Bilder inspiriert, Gedanken im Unterbewusstsein zu bilden und sie an die Oberfläche der Wahrnehmung zu senden.

Andere Bilder, die sich als Symbol für eine Meditation über intuitives Denken eignen, sind z.B.:

- ein Himmel, dessen Wolken ständig neue Muster und Figuren bilden,
- ein Sonnenstrahl, der durch die Wolken bricht und einen Teil der Landschaft erleuchtet,
- ein Tarot Spiel, das beim Aufdecken der Karten tiefgreifende Erkenntnisse offenbart,
- ein funkelnder Sternenhimmel, der den Blick in die Unendlichkeit bietet,
- eine Quelle, aus der frisches Wasser sprudelt

- ein Symbol der Weisheit, wie eine Eule, das Ying Yang Symbol oder eine Lotusblüte
- ein Obstgarten mit reifen Früchten
- eine Laterne, die uns den Weg erleuchtet.

Wichtig ist dabei, dass Sie diese Bilder immer im Zusammenhang mit dem intuitiven Denken sehen. War es bei den Gasblasen, die sich im Sumpf bilden, die Vorstellung von aufsteigenden Gedanken, sind es beim Tarot Spiel die symbolhaften Botschaften, die sich in den Karten verbergen. In der Gestalt der Eule ist die unergründliche Weisheit symbolisiert, die sich in unserem Unterbewusstsein verbirgt und das Bild des Sonnenstrahls symbolisiert die Lösung oder Antwort, die aus den tieferen Schichten unseres Geistes hervorbricht.

Traumreisen

Kleine Traumreisen haben wir ja bereits in der Übung „Fremde Welten" gemacht, wenn wir uns vorgestellt haben, wie es hinter dem magischen Tor aussehen könnte. Hier lag der Schwerpunkt aber darauf, zu beobachten und festzuhalten, welche Bilder und Eindrücke unser Unterbewusstsein zu einem bestimmten Thema generiert hat. Wir selbst hatten dabei eine mehr passive Rolle, indem wir nur die grobe Richtung vorgegeben und aufgenommen haben, was unser Unterbewusstsein dazu an Bildern geliefert hat.

Bei echten Traumreisen ist unsere Rolle mehr aktiv. Wir lassen uns nicht von den Bildern treiben, die aus dem Unterbewusstsein auftauchen, sondern wir reisen aktiv durch eine Fantasiewelt. Dazu legen wir uns vorher ein kleines Drehbuch zurecht, nach dem wir unsere Reise gestalten wollen. Wichtig ist dabei, dass wir das Drehbuch so konzipieren, dass bei der Traum- oder Fantasiereise ein Bezug zur Intuition besteht. Nur dass dieser Bezug bei dieser Übung viel indirekter, als bei anderen Übungen ist.

Stellen Sie sich vor, Sie fliegen mit einem Heißluftballon über eine sanfte Hügellandschaft mit Bäumen, Weiden, Flüssen und Straßen. Über einem kleinen Laubwald verlieren Sie langsam an Höhe, landen und steigen aus dem Ballonkorb. Vor Ihnen steht eine alte knorrige Eiche mit zerklüftetem Stamm. Durch eine Öffnung im Stamm betreten Sie einen dunklen Gang. Sie folgen dem von Fackeln erleuchtetem Gang, bis dieser sich zu einer großen Grotte weitet. Am Boden der Grotte steht eine verschlossene, hölzerne Truhe. Sie wissen, dass sich die Lösung des Problems, an dem Sie gerade arbeiten, in dieser Truhe befindet. Sie nähern sich der Truhe und öffnen sie vorsichtig. In ihrem Inneren verbirgt sich ein funkelnder Schatz aus Goldmünzen, Edelsteinketten und wertvollen Gefäßen. Sie betrachten den Schatz ausgiebig. Dann nehmen Sie die Truhe, verschließen Sie wieder und bringen Sie zu Ihrem Heißluftballon. Mit dem Schatz in Ihrem Gepäck heben Sie wieder ab und setzen Ihre Reise fort.

Dabei sind Sie sich bewusst, dass sich die Lösung für ihr Problem in Ihrem Besitz befindet.

Ähnliche Reisen können Sie zu einem geheimen Buch, zu einem Zauberstab oder zum Sammeln von Münzen führen. Entscheidend ist nur, dass Sie Symbole und Bilder wählen, die für Sie einen Bezug zum intuitiven Denken haben und Ihre Intuition anregen.

Der Blick in den Spiegel

Die letzte Übung dieser Serie erinnert etwas an Wahrsagerei und spirituelle Praktiken. Hat aber damit überhaupt nichts zu tun. Es geht lediglich darum, den Informationsfluss aus Ihrem Unterbewusstsein mit einem kleinen Hilfsmittel zu unterstützen.

Suchen Sie sich dazu eine glänzende Oberfläche, wie einen matten Spiegel oder eine glänzende Keramikfläche. Sehen Sie entspannt darauf und richten Sie Ihren Blick in die Unendlichkeit. So dass die glänzende Oberfläche etwas unscharf wird oder verschwimmt.

Stellen Sie jetzt Ihre Fragen an Ihr Unterbewusstsein und beobachten Sie, welche Bilder und Eindrücke Ihr Unterbewusstsein in Ihren wachen Verstand sendet. Wenn Sie nicht gleich Bilder oder Eindrücke erhalten, wiederholen Sie Ihre Fragen und bleiben Sie vor allem entspannt, gelöst und passiv empfangsbereit.

Letztlich ist das zwar auch nur eine weitere Variante des Erzeugens von Assoziationen, die Ihnen Zugang zu den Informationen aus dem Unterbewusstsein gewährt, aber der Blick auf die glänzende Fläche führt oft zu anderen Assoziationen, als das freie Assoziieren oder das Spiel mit Worten.

Das Intuitions-Tagebuch

Das letzte Kapitel dieses Buches ist keine Übung im eigentlichen Sinne, sondern eher die Klammer über alle Trainingsschritte, die Sie bisher absolviert haben oder noch absolvieren werden. Es soll zur Führung eines Intuitions-Tagebuchs anregen. Also einer persönlichen Aufzeichnung all Ihrer Eindrücke, rund um das Thema Intuition. Immer wenn Sie in Zukunft irgendwelche Erlebnisse haben, die etwas mit Intuition zu tun haben oder Ereignisse stattfinden, die Sie Ihrer Intuition zuschreiben, notieren Sie das in diesem Tagebuch. Das wird Ihnen nicht nur vor Augen führen, wie viel in Ihrem Leben einen Bezug zu diesem Thema hat, sondern Sie auch weiter dafür sensibilisieren, auf die Äußerungen Ihres Unterbewusstseins und Ihrer Intuition zu achten. Es hilft Ihnen, die Stimme der Intuition bewusst wahrzunehmen und von anderen Phänomenen zu unterscheiden. Die intensive Beschäftigung mit dem Thema wird Ihr Unterbewusstsein dazu anregen, intensiver mit Ihrem wachen Verstand zu kommunizieren.

Um mit der Führung eines Intuitions-Tagebuchs anzufangen, stellen Sie sich einfach regelmäßig diese oder ähnliche Fragen.

- Welche Eindrücke habe ich aus den einzelnen Übungen gewonnen?
- Welche Antworten hat mir mein Unterbewusstsein auf meine Fragen gegeben?
- Wann sind mir spontan Ideen oder Antworten in den Sinn gekommen?

- Wie gut funktioniert meine innere Uhr?
- Welche Erfolge hatte ich mit den Aufträgen an mein Unterbewusstsein?
- Welche Erinnerungen an lang vergessen geglaubte Ereignisse sind plötzlich aufgetaucht?
- Wann habe ich spontane Entscheidungen getroffen und wie hat sich das angefühlt?
- Welche Zufälle haben sich ereignet, nachdem ich eine spontane Entscheidung getroffen habe?

Wenn Sie derartige Fragen beantworten und die Antworten irgendwie festhalten, sind Sie schon dabei ein solches Tagebuch zu führen. Sie können aber auch ganz ohne vorher formulierte Fragen arbeiten und einfach spontan zu Papier bringen, was Ihnen zur Arbeit mit Ihren intuitiven Fähigkeiten einfällt.

Was Sie in Ihrem Tagebuch festhalten, ist im Übrigen nur für Sie bestimmt und muss auch nur für Sie verständlich sein. Daher brauchen Sie auch keine wohl formulierten Texte oder ganze Romane zu schreiben. Manchmal reichen Stichpunkte. Solange Sie wissen, was damit gemeint ist, erfüllt das Tagebuch seinen Zweck. Aber manchmal werden Sie sicher auch Lust verspüren, das Erlebte ausführlich darzustellen und mit blumenreicher Sprache zu beschreiben. Dann tun sie es. Es gibt keine allgemein verbindlichen Regeln, wie man so ein Tagebuch führt. Nur Sie arbeiten damit und Sie legen die Regeln für Ihr Tagebuch fest.

Als Tagebuch eignet sich prinzipiell jede Kladde, jedes Schulheft oder jedes Notizbuch. Es ist aber hilfreich, wenn Sie als Intuitions-Tagebuch ein etwas edleres Exemplar wählen, das schon durch

Einband und Aufmachung den Eindruck von etwas Wichtigem und Wertvollem vermittelt. Denn genau das soll es für Sie ja sein. Ein wertvoller Schatz persönlicher Einblicke. Dies kann man auch symbolhaft noch dadurch unterstreichen, dass man eine verschließbare Ausführung kauft, die den Inhalt gleichsam wie einen Schatz hütet.

Um sich bei der Führung des Tagebuchs etwas zu disziplinieren, kann man einen festen Zeitpunkt festlegen, an dem man jeden Tag seine Erkenntnisse niederschreibt oder man gewöhnt sich an, jeden Tag eine bestimmte Zeitspanne, sagen wir 3, 5 oder 10 Minuten, für sein Tagebuch zu verwenden.

Wenn Sie regelmäßig etwas in Ihr Intuitions-Tagebuch geschrieben haben und nach einiger Zeit einmal nach vorne blättern, werden Sie erstaunt sein, was sich in Bezug auf eigene intuitive Erlebnisse alles ereignet hat. Das hilft Ihnen, sich auf diesem Gebiet weiter zu entwickeln und stärkt Ihr Vertrauen in Ihre intuitive Intelligenz.